黃土地上的布穀聲

（系列一）

邵真　著

目次

导言

爲什麼書名取《黃土地上的布穀聲》？

黃土地是中華大地的代名，黃土高原是華夏文明的發源地。這高原上的寸寸泥、塊塊石都浸透了封建的雨水。封建的代表顏色是黃，中國人是很難分清王黃的，黃上加王，黃土高原不但出名在土黃，這塊土地還因這話而出名——**"率土之濱，莫非王土；普天之下，莫非王臣"**。這是世界上最黃的一塊土地，被黃色浸泡了三千年，封建文化、人文精神已浸注到骨子裡去，這是一代代人"奉天承運"風化所致，這是世界上封建得最傑出的土地。近代史裡，雖然出現了一番驚天動地的滌蕩起伏，時代玩了一次天翻地覆的變化，結果還是回到秦世皇的起跑線上。新意識像是有了，但是這些新意識都很膚淺，一知半解，結果人們反被新意識、新理論、新名稱給蒙了、耍了。這是我們身上的王病太重、黃色太深的原因；也是哲學、政治裡的水太深的原因。啓蒙不從學校著手是導致世界文明失敗的深層原因。這原因在中國更爲特出，我們中國人始終沒有一套合格的教課書，整個世界沒有合適的政治哲學基礎教課書。一本"無爲之書"，一課當局不能干涉的哲學基礎課。我們始終走不出王朝的歷史模式。老百姓左挑右選，前撲後繼，沒少付出，越挑眼越花，越選代價越大。兜裡的資本卻越來越少。如今這黃色黃得比以前更深，成了世界這一特色的象徵、成了世界極權意識的堡壘、強權的楷模。施政理論一套套的，調子越來越好聽。昨天"白貓黑貓"，今天"三個代表；今天"科學發展"，明天"依法治國"；但底色都是黃顏色的。無論政壇黑了還是

1

白了；晴了陰了；腐敗也好、反腐也好；亂法也好、依法也好，命運和話語權都不在老百姓手上，談都別談把老虎關進籠子。相反，整個世界對黃色都變得不太感冒了。什麼叫黃字，這話我想大家都懂的。就是風吹草動，一切都是朝廷式的。只是禦旨上不寫明"奉天承運，皇帝喻曰"八個字。

中國人特奉天、奉主、奉傳統，就是不奉科學和探索。這可能和國大、閉鎖、漢語有關。中國人講了幾千年的道理，他們就沒人研究講道理要科學，用的不是巧妙，腦筋用在挖掘道和理上，卻把事實涼在了一邊。結果越講越糊塗。

摘錄一些最新在網上流傳的文章，此文曾在中國科學報上閃亮登場：

"坐著毛主席打下的江山，不愛戴毛主席，是天理難容的恥辱，世界人都看不起！連起碼的良心和感恩都沒有，何談治國為民？！……江山是毛澤東率領人民犧牲了很多家人打下的，就像尊重父母一樣，你能整天找你父母的缺點錯誤毛病加以侮辱誹謗詆毀嗎？！……維護毛澤東的歷史地位，直接事關維護黨的形象和執政地位這個全域問題。……與黨的執政地位直接相關，企圖通過抹黑毛澤東進而醜化黨的形象，通過詆毀毛澤東來否定党領導人民取得的歷史性成就……"

對如此嚴重的打天下、得天下的皇權思想，全國竟然無一人吱聲，就此文的語氣就知這類文章的囂張，中國龍又抬頭了。正好證明這片土地有多黃。

冥冥中，中國新一輪輪回開始了，一輪不叫皇上叫書記的王朝統治期。上一個輪回是舊封建，從秦始皇到清朝，以皇上的名義，用時二千五百年。這一輪回是新封建，以党為名義，以新理念為名義，這個"新事物"對中國人的智力和人性來說是一次考驗，又要用時二千五百年。

《活著的孫中山》裡的話基本上不是我的。我說不出偉人孫中山那樣的話，那話高瞻遠矚，氣勢磅礴，具有摧枯拉朽的力量，是篇具有引領作用的《共和宣言》，它是能讓一切反動政權羞愧、顫抖的響雷，也是讓我們捶胸頓足、扼腕歎息的悲鳴。無時不哄鳴在華夏昨天、今天和將來的大地上。它吹響了要求民主、共和的號角，這就是它作為本書《黃土地上的布穀聲》系列（一）中首篇的原因，引領著本書其他篇章。

人多的地方傳統性太強，政治素質平均值就下降，權力的力量更大。這是不爭的事實。

如今的人們爭議、談政治上的觀點不看事實，而是來自於"立場"，立場是事前就準備好了的，不出自事情的本身。它既來自"即定觀"，又出於功利考慮。"即定觀"是平時養成的，更多的是培訓出來的。又被人們美曰為人生觀、世界觀。考慮利弊只是種識時務。這段探究，就是哲學所要追究的"如何的如何"。

　　人類應該要有正確的人生觀、世界觀，這種人生觀、世界觀本身要求人要客觀，要以事實爲依據。但現在這要求不知不覺變了質，現在人說話、看問題不但不是從應然的、正確的人生觀、世界觀出發，而且不從事實出發。人們往往是從實俗的“人生觀”即“即定觀”出發。

　　一開始，要求我們的思考要有正確的世界觀，這個要求存在著陷阱。不知不覺中，這個要求後來就變成了要求從即定觀出發看問題，並把即定觀美謂爲人生觀、世界觀。因爲人的思維、智力很不完善，無意中掉進了陷阱，經過這一系列的魔變，所謂的世界觀變成了用某主義、某團夥主張的貨色，粗暴的宣稱這是正確的“人生觀”、“世界觀”並用權力來扶植。要求人類從這種“人生觀”、“世界觀”來認定事物，這種組織、這種主義勢必反對人們有獨立的思考和意志，以致墮落成反對自由。這就等於要教條地從他們灌輸的即定觀來認定事物，從而又墮落成要從政治立場、政治要求來講話、看問題。

　　就事論事的態度從此絕跡。

　　立場是即定的，於是講的話也是即定的，而不是憑事實。人們的立場從“只准”到“自覺”的過程，就像哲學家莫里斯所指出的“指號理論”，也是蘇聯科學家實驗的動物條件反射。就這樣，講話不從事實出發的立場觀點，被我們奉爲聖明。這就是我們爭論不休的根本原因。

　　本系列書尊重後哲學，講究三大哲學定律：存在的存在、意義的意義、如何的如何（即形成的形成）。許多愚昧是人這種物種的智力和語言的次劣造成的。

　　我們的爭論往往是面對面的"嘶咬"，就像兩頭猛獸。

　　對猛獸不能只顧著面對面的嘶咬。要迂回到後面，揭它的底，找它的洞穴。

活著的孫中山

（一）

我知道，你們很著急。"張勳"復辟了，國會又開不成了。

我知道，我啊，急的不是這個，這些日子我想了很多，我們本來是共和國，可怎麼一次又一次地出現封建主義、專制主義的東西？這個問題不解決，專制復辟就是必然的，共和國就永遠是個泡影。

共和的觀念是自由、民主、博愛麼，可"民國""六年"來，我們看到的是什麼？各級行政官員都視法律為糞土，民眾仍被奴役著。

"民國"應該是自由之國，自由是民眾，天賦的權利。可"民國六年"來，我們看到了是什麼？是只有當權者的自由。權力大的有權力大的自由，權力小的有權力小的自由，民眾沒有權力，沒有自由。

"民國"應該是博愛之國，人人為我、我為人人，可"民國六年"來，我們又看到了什麼？是只有民眾對當權者恐懼的愛，而當權者對民眾只有口頭上虛偽的愛。那種真誠、真摯的博愛，我們看不到啊！

"民國"，更應該是法制之國，可"民國六年"來，我們看到的是行政權力一次又一次地肆無忌憚地干涉立法。你不聽話，我就收買你，你不服從，我就逮捕你，甚至暗殺你。立法者成了行政官員，立法成了隨意踐躪的妓女。

那行政是什麼？行政，應該說是“大總統”及其一整套文官制度，應該是服務于國民行共和之政。可“民國六年”來，我們看到的是什麼？是一個打著共和旗幟的家天下。在這個家天下的行政中，我們根本看不到透明的行政程式，更看不到監督之制。那些行政官員是如何花掉民眾的血汗錢，民眾不知道那些行政官員把多少錢揣進了自己的腰包，你們不知道吧，我也不知道。

你們都知道司法是裁判吧，這個裁判的原則是什麼？是一部主權在民的共和國憲法。可“民國六年”來，我們根本沒有看到這麼一部憲法嘛，就那部不成熟的“《臨時約法》”，也一次又一次地被強姦。

有人說，不、不、不，不是一個人，是有些人，共和國，它只是一個稱號而已，你孫大炮說的這些太虛幻，太遙遠，不符合國情，它像一個氣球，看著很美麗，可以飛上天，卜，破滅了。不、不！它不是氣球，它像氣球是我們這個民族自身的封建專制氣太重把它當氣球吹爆的。我想請問你，我們難道不要共和了嗎？難道共和真錯了嗎？如果我們不要共和，那我們有的，永遠是專制，如果我們不要共和，那我們有的，就永遠被奴役。如果共和錯了，那自由就是錯的。

如果共和錯了，那平等就是錯的。如果共和錯了，那博愛就是錯的嗎？

要人類做到博愛是不可能的。這是基督教的博愛，這裡的博愛是共和的博愛，它是共和的魂魄，什麼意思呢？是統治要講博愛，使用權力時要講博愛，是要特權貪心和鎮壓老百姓時講點博愛，下手時仁慈一點。博愛就是心平氣和的討論、商量、談判，不要動不動就高壓或武力動粗。沒有這博愛，還成什麼共和。我們追求共和沒有錯。當然，它還不完善，所以我們要一點一滴地去完善它，哪怕為此要付出代價。

這就是共和的衣服（孫中山先生指著自己的中山服），這邊我設計了三個扣子——共和的理念，就是平等、自由、博愛。這邊也有三個扣子——民族民權民生。那憲法呢？五權憲法。（孫中山拍拍上衣口袋）這裡裝的是立法權，行政權、司法權。這三個叫間接民權。

我情有獨鍾的是直接民權。要讓普通的民眾，都有直接參政、議政的權力，一個是考試權。當官不考試，上面委派，這不好。廢除古代的考試當官制度就像倒髒水把孩子也倒出去了一樣。組織委派制度是黨派內的貨色，卻成了治國的傳習，不但把孩子倒了出去，髒水卻沒倒，水更髒。"民國六年"，在行政上用的是什麼人哪？都是他"袁世凱""北洋的人"，至今如此，所以，我們要把考試權還給民眾。今後，凡行政用人，一定要經過考試。不管是誰。

　　還有一個，是彈劾權，它是民眾的殺手鐧——彈劾你。所以，你要戰戰兢兢地當官，老老實實地為民做官。

　　我孫文沒有別的希望，就一個希望，那就是讓共和不僅是一個名詞，一句空話，或一個形式，要讓它成為我們實實在在的生活方式。讓它成為我們牢不可破的信念。共和是普天下民眾的選擇，是世界的潮流。世界潮流浩浩蕩蕩，順之者昌，逆之者亡。我孫文相信，中華民族它一定會實現共和的。

（二）

　　這是孫中山的原話，我把它記錄了下來，聽到這些話，就好像今天孫中山還活著，而且是特意講給我們聽的。我在有些地方打上了引號，意思是引號裡的詞只是個符號，只要把引號裡的詞變換掉就現實了。如"張勳"就是"封建社會"、"民國六年"就是"××六十年"、"《臨時約法》"改為"五四憲法"（共產黨制定的第一部憲法）等等。

　　孫中山在話中說："怎麼一次又一次地出現封建主義、專制主義的東西？"他說近來他在思考這問題。還說"這個問題不解決……"但他沒能說出原因，話峰一轉，指責當今的中國橫行的依然是封建主義、專制主義。並一字一句清楚地重申共和。

他不知道幾十年後的今天，中國人已經聽不見、聽不懂他的呼籲。洗腦後，不但思維不再獨立，而我們的眼睛不再看事實真相、耳朵也聽不到別種聲音。

封建與專制像一塊黑厚的雲團離不開中華，他還以為問題出在野心家、陰謀家身上，以為是他們竊取了革命的成果。中國老出野心家、陰謀家，這確實是中國的"奇葩"，但這還不是根本的原因。根本的原因是中國人的素質太差、民族素質太差。是人民太容易輕信和附傭。而素質太差原因在學校教育！！！

中國人民被使了障眼法、灌了迷魂湯、戴了緊箍咒。他們有以下幾大不醒：

1）愛國不醒。中國人特愛國，而且忠孝。

2）皇上就是國家，統一了大中國的主子就是國家，甚至是祖國。

3）只知道做順民、奴民，不知道自己是主人，做慣了奴才不會了做主子。不知道這主人是要努力去做、去學的，而不是饋贈的。中國人是長不大的孩子，智力只有幼稚園水準。

4）洗腦洗白（癡）了。階級論、階級鬥爭植根于心、于腦、於骨，把民主、自由、共和看成了敵人的階級論和敵人對我們進行的階級鬥爭。

5）中國人認為主子代表人民。西方國家堅決地認為沒有誰能代表人民。統治者只能是人民的對立面。

學校教育才是中國、仍至世界的頭等大事、要事。中國的學校授知，過去在封建儒家手裡，今天更是管控得無比的嚴厲，授知育人只能服從一種邪教式的"絕對理念"。於是長大成人後，對屋內外的聲音和事實又聾又瞎，這種聾啞不是生理上，所以沒人敢說他們又聾又瞎，說了也不信，還把說的人恨死，說你是反人民的，說不好會弄死你。

這就是我們頭上的那團黑雲不散的原因，也是沒引起孫中山重視的地方。辛亥革命時中國亮一亮是蔡元培的北大，而不是因為孫中山的革命。從這個原故看問題，我們這一輩子人又算完了。並清楚地看到為什麼我們爭論不休的原因。

學校教育決定這一輩人的素質、民族的素質，並能影響政治的走向；反之，權力又牢牢地管控著學校。這個連環鎖誰來開？看來，中國仍至世界，只有先開了這把鎖，中國才能聽得見孫中山的吶喊；世界才能接受普世價值。

何新先生的媚文（此文在網上囂張一時，名曰《重論毛澤東》）把毛澤東說成是中國的李爾王，意思是中國還沒有盡毛澤東的"雅興"糟蹋夠。其實中國的李爾王是孫中山。

何新為什麼要把毛澤東稱為李爾王呢？因為毛是個悲劇人物，他是個不可一世的"失敗者"，失敗於自己太專橫跋扈，失敗於他幻想的以他為神的"專制烏托邦"。失敗於只有他的淫威而沒有真誠的現實中。

　　一個（指毛澤東）太相信自己（唯我論者），一個太相信別人（指孫中山）；一個（指毛澤東）把別人看得太壞，一個把別人看得太善；一個成了勝者的寇，一個成了敗者的王。

黃土地上的布穀聲（系列一）

是大救星還是大災星

——（一）論"伟大领袖"

這篇文章寫得特好，短小精悍。特好的文章淹沒可惜了，應讓它生存久點，並廣為傳播。為了奉獻給大家，我作了些增加，特再次呈上。這文章來自網路——思想娛樂文摘，《正常的國家，人民不需要偉大的領袖》著者宋勝利和我。

愛因斯坦說：**天才的領袖都是無賴。**

可人民不這麼想，人民根本沒法把偉大領袖和無賴聯繫起來。主子代表人民，是人民的代表，他如此的英明偉大，怎麼可能是無賴呢？怎敢作如此的思索呢！人民如能想通，個個是愛因斯坦了。人民根本不會這樣去思考，這是無能還是權力的魔力？

世界上絕大多數國家都沒有什麼"偉大領袖"，曾經有"偉大領袖"的國家只有那麼幾個。現代革命的基本目的，就是為了消滅特權，實現社會平等。這不是什麼西方或資本主義思想。更不是西方資本主義國家對東方社會主義國家搞的階級鬥爭。西方的民主思想和一系列的治國方略都是為了對抗舊傳統的特權統治，它的價值是普世的。不能把這種人類寶貴的思想說成資本主義，不能把這種寶貴的文明財富歸屬於西方或資本主義。每個國家、每種社會都存在著傳統的

15

特權統治，至今都是，而且是人類問題的主流。它將伴著人性和統治，生生不息。所以所謂的"西方思想"、"資本主義思想"，是我們人類走向理性、智慧的進化，是各種國家共有的統治問題所得出來的普世價值。如果我們中國真有一種思想能解決特權統治這個問題，也能當作普世價值。

領導這些革命的領袖，一旦變成了"偉大領袖"，就意味著革命已經失敗了，因爲，一個至高無上的，可以恣意妄爲的新特權又產生了。何爲革命？就是反特權、實現公正。何爲反動？保特權，鎮壓公正。

一個現代國家的領導人擁有古代帝王一樣的特權，最好的辦法就是不擇手段地把自己變成"偉大領袖"。因此，一個國家如果出現了偉大領袖絕不是什麼好事情，它意味著這個國家的老百姓肯定要倒大黴了。

一旦成爲偉大領袖，他就至死不需要交出權力，他的話就是真理，像聖旨一樣，所有人都得對他忠心不二。忠心是他代表人民判決敵我的尺規。你不聽話或者是不服從，他有的是罪名和辦法收拾你、滅了你，還會得到"人民"的擁戴。獨裁、特權和崇拜就這樣形成了。一旦形成了崇拜，他指誰滅誰，動一個小指頭就可以讓你下地獄見閻王。"偉大領袖"就是現代帝王的代名詞。

真正具有高尚情操的現代革命領袖，絕不可能容忍別人把自己捧上天，更不會不擇手段地自己把自己捧上天。這是現代革命領袖與無賴之間的根本區別。崇拜與迷信是為了滿足他的權欲，鞏固他的特權統治。奇怪的是，換成一般人，如把自己當成神，人家會說神經有毛病，甚至連驕傲都是為人不齒的品行；但領袖把自己當成神，喜歡人們吹捧，驕傲得忘形，人們個但沒覺得不正常，反而會把馬屁拍上去，歌頌、崇拜至肉麻。圍著他轉的中央領導更是如此，像個旋渦中心。然後這種惡劣的風尚向外旋大，形成了崇拜的龍捲風。希特勒就是這麼龍卷出來的，史達林是這麼龍卷出來的……

政治領袖如果在位的時候就被尊為偉人，那他絕不是真正的偉人。民國成立之初，孫中山乘軍艦往福建視察。艦泊馬尾，這時孫中山發現，聚集在一起歡迎他的許多小船，大都懸掛標語，稱他"萬歲"。

孫中山說：萬歲一詞，是封建帝王要臣民這樣稱呼他的。我們為了反抗這個"萬歲"，許多革命同志拋頭顱、灑熱血。如果我接受這個稱呼，對得起先烈嗎？他要求撤掉這些標語，否則決不登岸。

"萬歲"是帝王與賤奴合拍、默契的鑄製品，象徵著封建統治。有道是"一隻手不響，兩隻手鼓掌"。這"萬歲"一旦有人叫出，群眾就會像朝拜那樣高呼，不肯叫的人攔都攔不住。就像林彪討好毛澤東那樣，首先發創"大海航行靠舵手、幹革命靠的是毛澤東思想"；就像歌曲《東方紅，太陽升》。好像西方從來沒對華盛頓唱"西方紅，太陽升"的（他們的太陽也是從東方升起的），沒有人唱"幹革命靠的是華盛頓思想的"。顯然贊起領袖、皇上來，中國人的水準向來不輸世界上的任何國家。

至今世界上發展很好的國家，從來沒有什麼"偉大領袖"。最典型的對比就是韓國和朝鮮，從來沒聽說韓國有什麼偉大領袖，而北朝鮮的偉大領袖已經偉大了金氏三代。發展的結果大家都看的很清楚，同樣的土地同樣的民族，天壤之別。北歐是目前世界上貧富差別最小的地區，人民的福利、幸福值超前，這些老牌的資本主義國家反而是最具有社會主義性質的地區，從沒聽說北歐的哪個領導人是什麼偉大領袖。

這裡要解釋幾句：人類社會的進程是權力期、資本期、然後到理性期。沒有一個國家、沒有一個社會能例外。每個國家都會進入資本期，以資本爲重，出現資本主義。當然權力期是人類最蹩腳、最落後的社會類型。社會越落後領袖越英明、越偉大。領袖英明偉大得如神，就能有無上的權力。人們的這種境界，被哲學家孔德稱作爲神學期。

以平等爲基礎的民主制度和以平等爲基礎的價值觀遠遠勝過偉大領袖的英明和各種雄偉壯麗美妙動人的主義或

思想。制度和施政不如，就會想方設法詆毀、誹謗先進的民主思想。爲了控制人民。最好的辦法就是製造領袖的英明偉大。以便於專暴。

殘酷的歷史經驗證明，領袖越偉大，人民越渺小，領袖越偉大，法制越無效。革命領袖一旦變成偉大領袖，他就不再是人民的救星，而會變成人民的災星。

革命領袖居功自偉是可恥的，老百姓盲目崇拜是愚昧的。民主法制，自由平等，限制公權，保護民權，這才是現代社會公民應該追求的美好制度，拒絕這種制度，永遠不會成爲受世人尊重的先進的民族，這個民族也不會有任何光明的前途。

我們的形象離"現代社會公民的概念"越來越遠，普及"現代社會公民"的理念要成爲學校裡必備一課。

黃土地上的布穀聲（系列一）

是大救星還是大災星

——（二）"英明伟大"和"万岁"

隨著反毛的浪潮的高漲，許多絕密事件的真相揭曉，毛澤東的神話正在冰融，同時，對毛澤東的吹捧也在升級。

吹捧最竭的是何新的文章《重論毛澤東》。這哪叫"重新論……"，別人還以爲改革開放後，經過揭密，看到了大量真相後的客觀評議，謂之"重新"。其實是老調重唱，分明是升級版的歌功頌德。文題與內容，完全是牛頭不對馬嘴，掛的是羊頭，賣的是狗肉。把老調吹捧到肉麻的份上，語氣雄赳，語辭氣昂，思見刻意。刻意到肆無忌憚的地步。沒有人吹捧得這樣肉麻，我們來見識幾句：

"……（毛）仁慈寬厚。"

"20世紀是人類歷史上充滿傳奇戲劇性的世紀。偉人代出，燦若群星，從右翼的邱吉爾、羅斯福、戴高樂，到左翼的列寧、史達林、毛澤東。"（爲了挺毛澤東爲獨一無二的偉人，用左翼和右翼的說法纂改了搞民主和搞專制的實質，把魔頭和偉人混在一起，把邱吉爾、羅斯福身上的光輝用"偉人倍出，燦若群星"這些成語轉嫁給這些所謂的左翼魔頭，掩蓋了殺人無數的殘酷統治。手法十分高明，用心十分險惡。）

　　"鐵托說毛澤東是偉人中的超級巨人。十世班禪說：毛澤東是凡軀之神。"（我最討厭把領袖級的政治家的話當金科玉律。）

　　"毛澤東是一個神話世界歷史上從來沒有第二位的政治家，"

　　"他永遠站在世界上窮苦大眾、'弱勢群體'，被侮辱與被損害者的那一邊。"

　　"但是在政治鬥爭中，毛澤東鐵面無私冷酷無情。只要政治鬥爭需要，他就毅然斬斷一切舊日情緣、粉粹任何障礙和形成障礙的人物————不論其是舊日袍澤還是多年戰友，文化大革命中尤甚！"

　　"中國現代版的李爾王（KingLear）。"

　　這些話只不過是動足腦筋、聲嘶力竭喊"萬歲"罷了。

　　怎樣來讀何新的文章，怎樣來看一個封建社會裡的"何新現象"呢？

　　在封建社會中，高呼皇上"萬歲"的人比比皆是，阿諛小人叫得最賣力。也必有忠臣在阿諛聲中掉腦袋。高呼現代帝王"英明偉大"與高呼"萬歲"有什麼區別嗎？根本就是一路貨。只不過"萬歲"搖身一變成"英明偉大"。"英明偉大"叫得比"萬歲"聰明，與時俱進，更討"現代化了"的領袖喜歡。這位"現代化了"的領袖是不是真能"萬歲"了或者"英明偉大"了？這已不重要。重要的是表達了一份效忠。

　　"萬歲"體現了帝王與奴民的尊卑，奴民必須對帝王神拜，這是帝王與臣民的契合——必須的禮儀。是帝王與庶民合拍鑄制的"國徽"，象徵著封建統治。"英明偉人"是"萬歲"的複製品、盜版。這裡的社會效應、心態、性質，和封建社會裡的禮儀毫無區別，這是維持封建統治所必須的舊習。高頌"英明偉大"和高呼"萬歲"都是封建社會特徵的體現，在高頌與高呼中完成了統治者與被統治者之間的控制、構制、奴役、禮儀、要求，並要達到迷信、忠孝、神拜、奴從的高度。只是因為封建的"萬歲"過時不作興了，改口稱"英明偉大"，以適合潮流。這是現代版的"萬歲"，"英明偉大"比"萬歲"更實惠、實用，"萬歲"的封建愚昧味太強，而"英明偉大更具"現代氣息"，封建味不明顯,卻不脫封建的舊臼。

　　這不是什麼新鮮玩意兒，要問新鮮不新鮮，只要問問活在各朝代的人們就知道了。問問他們在叫"萬歲"的同時，有沒有又叫"英明偉大"。他們會告訴你："這是我們的封建病，我們喊'萬歲'的同時，同樣說了不少像'英明偉大'的馬屁話。這種人格在哪個朝代裡都非常普及、流行。所以發生在當今也非常正常，這是很普遍的一種舊人性和時代的局限性。我們說話比較直接：江山就是皇上的。你們只是表現得更"傑出"、更"聰明"，會繞彎子說江山歸屬人民，實際上歸屬特權組織的頭子。權力的實質會用"無產階級革命"、"領導人民"、"人民當家作主"，"人民共和國"這些概念來掩飾。萬歲與英明偉大就這點區別。"

"英明偉大"與"萬歲"雖然內容不一樣，但是歷史軌跡、表現的社會人性是雷同的。哪裡有壓迫，哪裡就有反抗；哪裡有不公，哪裡就有不滿。但古往今來，更多見的是溜鬚拍馬，千方百計表忠，用種種的創意和智慧以顯他突出的媚功。向威權呼叫"英明偉大"與"萬歲"就有著人的這番人性。

這種現象在動物中亦然，牠們不在乎要人格、不需要講平等，因為牠們沒這方面的能力，也不存在這方面的理性和要求。人類是高級動物，有理性和要求，但智力只不過高級了一丁點。我們往往自信，卻從來不反省自身這一物種有什麼先天性的缺陷，只有上帝才看得清楚誰有人格、誰沒人格，但上帝卻不說（這是個本體論問題），任憑世道胡作非為，沒人格的有實惠，有人格的受危害。

人之上沒有裁判，宇宙又是無窮的深奧。要分出是非，只有靠人自己摸索出哲學道理。要一下子分出輸贏，人類只好付緒於權力和暴力。於是權力和暴力成了威攝我們的王，並往往成了我們敬威的王。這就是我們這麼多的人喜歡叫"萬歲"和"英明傳大"的由來。

這種"分出"是種實然，並非真理的應然，實然不能當人類的原則和守則，因爲我們是人。這又是一個哲學問題——應然與實然原理。

人類是個社會動物，不但群聚而且政治，群聚就產生統治權。這是物種天性，天意驟成，上帝的傑作。權力產生腐敗和罪惡，人民要求文明，圍繞著權力，人性盡現。正義和反正義的論見應運而生，爭吵經久不息，成爲當今歷史的大戲。這些爭鬥、這些言論無不可分屬：爲權力說話的皇權派和要求人民權利的反皇權派，簡稱媚權派和反極權派，"皇權"意思是獨裁專制。

科學裡有門學科叫仿生學，模仿動物超凡的技能。但動物的許多劣性，我們人不用仿生，是與生俱來的，而且表現得淋漓盡致。

一說到狗，就如罵人，而且用狗來指責很傷人、很痛人。於是說人如狗，幾近罵人，是乎不講理，用罵不是解決爭議的辦法。非也、非也。說人如狗，倒不是爲了罵，而是狗這個字更能體現一些人的劣性。

用狗來形容人，要具備兩個原則：一、是在幫主人說話，說難聽點牠在看主人的眼色咬人；二、所講的根本不是理、而是似理非理的"汪汪聲"。爲什麼能用狗來指責人呢？因爲狗有些特色，成了人們最看不起又喜歡的畜生。爲什麼不能用狗來指責呢？因爲傷人爲狗、狗是特沒有人格的畜生。因特別形象、特侮辱而被視爲罵。這個"虛僞人道"的框框妨礙了出於指責的需要。但是指責有其嚴格的使用所指，因爲狗的孝忠是出了名的，它沒有原則，奴才人格，只知道討好主人，不管主人是惡是善。說它聰明卻愚蠢，說它愚蠢卻聰明，不知道狗知道不知道功利這兩個字。但它肯定不知道、也不在乎世道該怎樣，不以正義來"汪汪"。用狗來說事是最好最清楚的表達。要講的道理全有了。既簡單又明瞭，既形象又精准。爲什麼我們人普遍存在著狗性呢？有些人的狗性還特別的強大，因爲我們的行爲和兼性類似動物，因爲我們人類本身是由動物進化而來，因此各種動物的兼性人都會有，只是表現各有所好。我們同意也罷不同意也罷，"上帝在發笑"。 蘇聯的科學家用狗來做實驗，研究人的條件反射，這不無道理。人比狗還狗，他已不需要主人任何指示，就能撲上去"嘶咬"，自懂"嘶咬"什麼，而且更左、更狠、更殘酷。

以上的這些就是哲學裡的"如何的如何"。

何新的文章寫得不錯，有點深度和精彩。因爲心術不正，智力受限。心思和兼性成了思想高度的障礙。通篇不堪爲"精彩"，這精彩成了吹捧的力作。要批駁的地方太多，許多問題在我的文章《英明偉大不等於大救星》闡述，這裡只補充幾個問題：

如果把中國重新統一起來，就算英明偉大了嗎？如果把中國又攥緊了就可英明偉大，那麼中國歷史上那些開朝始皇太祖，如嬴政、劉邦、楊堅、趙匡胤、鐵木真、朱元璋、奴爾哈赫，沒有哪個不英明偉大的，甚至還要英明偉大得多。他們給歷史帶來的是什麼？都是封建王朝，在當時，都曾叫 "新中國"。

怎樣才是真正的英明偉大？能結束中國兩千多年歷史的悠久封建體制、並翻開國家政體新篇章，讓歷史發生一次質的飛躍才算真正的英明偉大。在世界民主理念風雲交際時，還延續一個封建專制社會算什麼英明偉大？這簡直是倒退、是反動。高呼英明偉大，這只不過是封建國家內的奴才在高呼罷了，這和高呼 "萬歲" 沒什麼兩樣。

我要提出的第二個問題是：既使不計算體制是不是封建、建國理念是否先進，就憑發生的事實，翻身後的中國發生的種種現狀、椿椿冤害，這些活生生的事實好嗎？不是整死、冤死就是餓死（死亡之人九千萬之多還好嗎？還不算遭迫害之人）；統治手段十分專制惡劣。這個朝代一脈相承走了兩個極端，不是窮人窮死就是特權富死。不講講這事實中的慘烈和執政之殘暴？這已經夠得上是歷史上最殘暴的一屆封建王朝。在歷史上少有的專制殘暴事實面前，那些導彈、原子彈、高樓、打敗這、打敗那、以及高速增長的 GPT 變得那樣的蒼白無力，它們的作用已變成了保衛他們的江山性質。那些蒙人的政治宣傳是那樣的虛僞。難道這些"驕人的功績"是爲了製造歷史上少有的暴政？這些功勞從捍衛國家、保護人民淪爲殘害人民、捍衛特權統治的工具，天安門廣場就是見證。

所以說："領導革命的領袖，一旦變成了'偉大領袖'，就意味著革命已經失敗了，因爲，一個至高無上的，可以恣意妄爲的新特權又產生了。"，"一旦成爲偉大領袖，他就至死不需要交出權力，他的話就是真理，像聖旨一樣，所有人都得對他忠心不二，"那人民離地獄就不遠了。

且不說執政之惡劣，我們不僅要問，推翻了"舊政權"建成的"新政權"只能幹成現實這個樣子？不能更好？這個樣子是所能取得的最好結果？換種體制就不能比如今更出色點？那些邪惡和不幸不能避免？這是人民思考出現智力短板的所在，不會這樣思考是我們身上的奴性在作怪；是我們國家娼權派太強大。

一個現代國家的領導人擁有古代帝王一樣的特權，最好的辦法就是不擇手段地把自己變成"偉大領袖"，這是種皇權現象。權力對當權者的誘惑就像《金魚與漁翁》的故事。這再次證明英國歷史學家亞力山大說的"絕對權力、絕對腐敗"千正萬確。這種現象有力的證明了我們的國家、我們的社稷還沒有從封建社會進化過來。因此，一個國家如果出現了偉大領袖絕不是什麼好事情，它意味著這個國家的老百姓肯定要遭殃。殘酷的歷史經驗證明：領袖越偉大，人民越渺小，領袖越英明偉大，法制就越軟弱無能。革命領袖一旦變成偉大領袖，他就不再是人民的大救星，而是人民的大災星。

是大救星還是大災星

——（三）看懂我们自己，再说"英明伟大"

如何評價毛澤東，已成今天的大爭議，我們的爭論不過是中國這個民族特色性的政鬥，但毛澤東給世界留下許多政治極致，給人類留下了許多思考和許多智化題。這些智化題的價值就不只是毛澤東個人的功過榮辱這樣的價值了。如何做好這些世界級的極致題，才更具價值，這問題關乎到我們不地道的表現，可反映出人類的人性、智化狀況和社會進步的步伐。這些智化題是人類歷史進化的坎。

這場曠史之爭實際上是中國歷史又一個重要的節點，就像辛亥革命是中國歷史之節點一樣。

首先映入我們思考的問題：不是說毛澤東的那些所為、言行是善是惡、是功是過很難判明，在這朝天下，原因只不過是在這個政權裡，由不得我們作自由的評定罷了，由我們洗過的腦子暢所欲言它們背後的意義，也就是意義的意義有很大的難度。從"我們是如何不清楚的"的問題中，就能明白這種評價是不是在公正的平臺上較量，一方可大放厥詞，而另一方只能半抱琵琶半遮臉。原因的那一半就不明說了，研究一下我們自己才是更重要的。解答好這裡蘊含的問題，我們人類智力和文明會更上一層樓；解答不好，人類的智力大跌。當下，因受條件的困擾，評價是不可能爭清楚，但是只要我們能持續爭論，既使沒有結果，能長進我們的智力，能懂許多哲理和法則。

那背後存在著哪些問題呢？首先，通過評論，從中認識歷史上人民和今天的我們身上的人性和智力是怎樣的，其實是相通的。其次，對毛澤東的評價交匯著新舊統治理念的探討。關係到中國走什麼樣的路，關係到世界文明的路。更關係到我們怎樣做個智力健全的人。

（一）

如今的中國，被我們自己、被世界認為是沒有信仰、沒有道德觀的人群，這混亂是如何形成的呢？

形成由來已久，羅素說馬克思是用人類的能動性來反對真理的第一人，這話講得夠含蓄的。說穿了馬克思認為沒有普世真理，只有各說自己的階級"真理"。這是徹頭徹尾的主觀代替客觀，唯心代替唯物。但是馬克思又聲稱自己是世上"最唯物"、"最客觀"的。這等於在說自己的說法就是真理。

馬克思最反動的一句話是"從世界觀、人生觀來認識、改造世界。"他又篡改了其中的意思。他不是要改造世界，而是改造人們的頭腦，用他的觀點為人類的世界觀、人生觀，即從這樣的"既定觀"去認識事實真相，講他的真理，改造世界。第二句是是似而非的要樹立"無產階級"的世界觀，這所謂的無產階級世界觀是非打引號不可的。因為這個世界觀不是真本的無產階級世界觀，所謂的“無產階級世界觀”實是他們的私貨，即他的馬克思主義理論——“極端階級論”，並不擇手段變成“絕對權威”（這是個本體論問題）。這就是馬克思主義者自誇的正確的人生觀、世界觀。原來他是在要求人們用立場來替代其他的世界觀，這是徹頭徹尾的唯心論。在馬克思主義掌權的國家裡，用威逼利誘、不給人思想自由、不給人言論自由的強權、暴政來灌輸、洗腦人們，從而養成了今天我們絕大多數的人以這個所謂的世界觀，即從“立場、態度、路線”愚忠的、教條的來看問題、發表言論。從“即定觀”出發，變成了今天乃至世界不以真相為實的講理方式。如果我們不看事實或執一面之詞能爭得明嗎？

　　毛澤東的統治到底是什麼性質的。人民到底當家作主了沒有？這個問題的回答並不難，但我們回答起來就特別的難。至於他的那些善惡判斷更不是困難，這說明這難在我們自己身上，這難的第一原因就是上面所分析的機理。

（二）

　　如何來評價自己的領袖，這是世界上每個國家都會遇到的問題。涉及到方法論。方法要科學，方法論裡的智慧是人類最重要的智慧。

　　如果一架機器不精密或存在缺陷，產品肯定不合格。但是我們根本不會查找人這台機器有什麼品質的毛病。我們只知道，理解和思考是我們人的優勢，理解和思考的成見都有自己爲是的人性存在。從而形成對峙，想不到上帝說：這優勢正是人的劣勢。

　　人性和智力的不足不遜，早體現在我們的歷史中。並且在突發的歷史事件中表現得尤爲突出。如法國的大革命、德國的希特勒、蘇聯的史達林、中國的文化大革命。

　　人類的人性與智力是不是有長足的進步？不見得。爲什麼得不到長足的進步？那是因爲我們從來很少正視自己、解剖自己。人民這詞被捧壞了、利用壞了。

　　我們的人性和智力是哪種水準呢？如何來評價一個"偉大了的"領袖，只要他活著或"魂在（權勢在）"，一向是阿諛奉承的多。

　　影響一切人事的力量有三：權力、財富、理性。這三種力量形成我們人類的社會、智力三個時期：神學時期、形而上學時期、和理性時期（即智力低下時期、智力中等時期、智力上乘時期）。因爲這三種力量在我們每個人的身上側重和烙印不一樣，所以"經驗"就不一樣，並形成人格，即神學時期的人格、形而上學時期的人格和理性時期的人格，我們的爭吵於是就沒個完。怎樣看待毛澤東，中國人的人格屬神學階段，智力屬中等偏下——形而上學階段。

愛因斯坦說：**天才的領袖都是無賴。**

愛因斯坦的大腦用來思考社會政治，同樣出色，甚至更精堪。因為這是顆碩大的科學家腦子。愛因斯坦是人類知識份子的典範，他做到了公共知識份了。

"都是無賴"，這是說無一例外。政治家本應該由最高尚、智慧的人來當任才行。這個行業握著權力、掌舵管人的，手握生殺予奪，要經得起權力的考驗。自己骯髒不堪，怎管好一個碩大的社會，為人表率？這是搞政治的"應然概念"。但實然中是一群利益熏心的功利主義者在當政治家。要在這群如狐似狼中勝出，能不無賴嗎？俗話說得好，"勝者為王敗者為寇"，王者就是勝者的寇，王寇的區別只是勝利和失敗。而勝利和失敗取決於誰更厚黑（李宗吾的《厚黑學》）作為這群"精英"中的成王者，這樣的人，腦子裡裝著正義還可，只要腦子一偏歪，後果不堪設想。然無賴的腦子十之八九是偏歪的。

有本書叫《厚黑學》作者李宗吾，因為把人世的成敗寫得太透徹了，反而上不得檯面。他說："一部二十四史，可一言以貫之，'厚黑而已'"、"古之英雄豪傑者，不過面厚心黑而已"、"苟其事之成敗，無一出左右"……比領袖們的英明偉大，其中比的就是厚黑。三國中的曹、劉、孫，

35

漢楚時的項劉之爭，近代史中的毛蔣之奪，現在的鄧毛之評，比的就是厚黑。誰的臉更厚、誰的心更黑，誰就能取勝攏得人心，得到人民的好評。

厚黑論把愛恩斯坦的話說得更透。厚黑也講本事，要"厚而堅、黑而亮"才能英明偉大。這裡面也有人民的功勞，人民成就了厚黑的堅而亮。

對任何一個坐在權力頂峰上的人來講，我們來不得半點吹捧。他的腦子本來就偏歪，**你們越寵他、越順他，他就偏歪得沒譜了。因此對權力絲毫來不得半點慫寵，老虎必須關在籠子裡。**但是現實社會中，偏偏有人愛做奴才。權力能塑造人民，人民也能修理權力。所以說，他偏歪得無法無天，人民慫恿有責，愚昧、膽怯都有責。

"善有善報惡有惡報"。毛澤東對人民犯下了這麼多的惡，看來這惡報爲時不遠了，有識之士正在群起而攻之。有識之士的所爲，是人民的強起，對人民有益無害，因自然界都是欺軟怕硬的，大家有一定的強度，會讓統治者望而生畏，有所顧忌，收斂些。如果民眾軟趴趴的，特權階級會更加囂張。這就是養"虎"爲患。

（三）

下面的一篇文章來源 CCTV 網，我就用這篇文章來剖解人們：

"近些年來，網路上對毛澤東和鄧小平這兩位曾左右過新中國歷史命運的人物的評價與爭論越來越多。各相關網站和論壇的各類文章及言論層出不窮，褒貶各有之。這似乎使人感到莫衷一是、難分高低。

那麼，在當今中國老百姓的心中，毛澤東和鄧小平誰的威望高呢？此前，並沒有現成與明確的結論。因而，這對眾多愛黨愛國的政治線民們無疑是一種懸念和企望。

前不久，筆者無意間點進了毛澤東紀念館和鄧小平紀念館（以下稱毛館和鄧館），竟然意外地訪查到了這個問題的答案。

筆者驚喜地流覽了兩館之後，對今年前 9 個月的'參觀留言'做了較為詳盡的統計。其結果足以彌補線民們的這個缺憾，毛澤東和鄧小平在百姓心中的位置或者說線民對他們的支持率可一目了然。

毛館的留言帖是按天記錄的：平均每天 153 條，平均每月 4603 條，共計 41430 條，其中祭日 9 月 9 日有 3031 條。

鄧館的留言帖是按月記錄的：平均每天 13 條，平均每月 391 條，共計 3518 條，其中祭日 2 月 19 日有 52 條。在不足毛館 1/11 的區區鄧館留言帖中，有 36%卻是獻給毛澤東的。

　　獻給毛澤東的留言全是頌揚帖，無一貶帖。而在獻給鄧小平的留言中，有 3%竟是貶帖……再去掉這 3%的貶帖，鄧館的留言已所剩無幾。

　　文中還例舉了一些留言；

　　"只要太陽出現在哪，億萬朵葵花就朝向哪。"

　　"在毛澤東的偉大身軀下，您（指鄧小平）的身軀顯得多麼的渺小，你是中國人民的逆子！禍國殃民，遺臭萬年！！！

　　"背叛馬列、貪腐賣國、化公為私……"

　　為什麼把毛澤東和鄧小平這兩位偉人進行比較呢？這種評論還確實盛行於民間。這是個不可思議的新氣象。在一個高壓下的政權裡出現這種比較，富含著許多意思。意思中的最大者是不滿，在高壓下還敢不滿那是極度不滿。民眾盼望改革開放，但現在還不如不開放，這話裡有種無可奈何的情緒。是當初好嗎？這不是因噎廢食嗎？老百姓悔恨在《紅樓夢》賈寶玉的名言中："早知今日，何必當初"。這話是說當初好嗎？沒有，這話是說現在更差。既然想今日之改，就說明當初也不理想。從老百姓所講的當初好，其實是講當初也不好，只是當初沒有"鄧小平的那些壞"。老百姓應該多想想，會不會是過著夏天就覺得冬天好、過著冬天說夏天好呢？會不會是掉進水裡說火烤的好呢？應該想到他們的思維有點毛病，不細心。應該想到水裡火烤都不好。

咒怨鄧小平的人越來越多，毛澤東在人們心中的形象卻越來越高大。這裡就有 "如何的如何" 的哲學。

毛一天到晚的搞運動，把政治當飯吃，不是爲了鞏固他們（ "無產階級" ）的政權就是爲了鞏固自己的地位，他不在乎國家窮、人民窮，也不在乎有多少人爲他和他們的霸業死了，他只認爲爲 "無產階級事業" 死是人民的階級性，人民卻會認可他這種荒唐的賭博。他的形象如何會這麼高，這反映人民是如何的狀況？

現今，老百姓終算看透了鄧小平，看出來所謂的中國特色社會主義就是比西方資本主義還資本主義的中國式的資本主義（**權力資本主義**）。這比的是誰更英明偉大還是比的是誰的臉更厚、心更黑？正是前面這個 "偉大" 才有後面的 "偉大" ，正是前面的心黑才有後面的臉厚。他們都是失敗者。正是前面這個偉大沒有塑造好一個開明的政權，才有後面的必然結果。一個偉人搞得雞飛蛋打，一個偉人搞得烏煙瘴氣。更有意思的是，從老百姓在這一比中，比出了人民自身的許多問題：

1）毛的威脅比鄧強大。毛一天到晚都在搞政害運動，通過土地革命、三反五反、反右鬥爭，殺了冤了多少人？老百姓天天不是鬥私批修就是政治學習（洗腦），時刻不停的用改造這根鞭子抽打著老百姓，老百姓至今還有後怕，反而以此爲 "舒服"。鄧小平不搞了，百姓反而渾身 "不自在"。看來老百姓喜歡政害運動、天天洗腦改造。——人民的骨頭有點賤。

2﹜死在毛手裡的人，餓死的和鎮壓的，有九千萬之多。冤死在鄧小平手上的人不多，加廣場上的，只有毛的千萬分之一。還有，毛那時不讓人說一句 "壞" 話，鄧倒可以說兩句。所以威望不夠。——人民的骨頭還有點賤。

3）毛很會號召窮人，窮是無產階級，富是資產階級。道理既簡單，又深入人心。爲了階級鬥爭、路線鬥爭，把窮當成了國家的路線、當成了綱，當成了人民生活。所以國家一窮如洗。人民反而無怨無悔。——人民有點迂。

4）他是終身的皇上，皇上哪需要貪，窮也窮不到他的頭上，"普天之下，莫非王土"。那時共產黨還沒有財富和錢的概念，他們的心中只有天下、政權這類概念。毛自己無須貪，所以下面的官不敢貪，貪也貪不到哪裡去。到了鄧手上，皇上只能坐兩屆，"有權不用、過期作廢"，共產黨的財富觀和資本主義接上了軌，發現手上的權比資本主義更能換成錢，在位不貪、更待何時？正好毛留下了強大專橫的權力。在權力的眼裡，滿地是金銀，天下的貓哪有不偷醒的？這根政權之滕在毛的精心栽培下，只長專制不長民主，於是特權應運而生，無法無天，腐敗成性、貪婪成性、殘暴成性。

但是老百姓只知其一不知其二。只覺得現在更烏煙瘴氣，看不出正是毛澤東打下了這烏黑的極權之椿，才有今天的烏煙瘴氣。——人民有點蠢。

5）特別是窮富差異懸殊如天與地，這是老百姓最容易看得懂的、最敏感的、最憤懣的事情。老百姓不怪窮、不怪權，就是見不得有人富出油。——人民有點戇。

這些根源加在一起，就比出了毛與鄧誰 "偉大。

有人認為不應該這樣寫人民，不應該把人民寫損了。是事實還是寫損了？該怎麼寫？真實是這裡的唯一判斷標準。要為人民好，不等於要把人民吹得好，不等於人民的社會人性就那麼好。真實地寫人民和為人民好是一個用意兩碼事。指出缺點比浮誇優點更能使一個人和人民進步。指責人民，只要這事實不在少數就是在幫人民、啟示人民。

只要我們擺脫洗腦幾十年的 "形成觀"，從立場、態度的心理中走出來，把後面的 "如何" 搞清楚，前面的 "如何（評價）" 迎刃而解。

大救星大災星

如何評價毛澤東，確實成了今天乃至今後，且具有歷史價值的爭議。這成了我們中國社會進步的一個坎，一個類似辛亥革命的一個坎。辛亥革命沒有多大的成功，它只是一度燃起了共和的理念，它沒改變中國的命運，甚至沒有結束"大清朝"，只是換了個"大清朝"，"大清朝"變成了"大紅朝"它只是取得了概念上的勝利。國家的牌子掛上了人民共和國，獨裁者不再叫皇上，官吏叫幹部或領導，國家在"代表人民"的領導下"人民當家作主"。辛亥革命的成功僅此而已。難怪"活著的"孫大炮還在說："張勳"復辟了，……**怎麼一次又一次地出現封建主義、專制主義的東西？這個問題不解決，專制復辟就是必然的，共和國就永遠是個泡影。**這裡有個教訓、有個思考：一個民族的成長、成熟，不是一夜能飛躍的，也不是一個鬧騰可以解決的，這個結果是一個偉大英明的領袖的過錯嗎？不，這裡還有我們人民自己的過錯。那人民的過錯又是怎樣養成的？所以我們這個民族首先要自明。中國的問題又面臨著一個坎。

你們看，這個坎並不比前面那個坎低吧。要跨過這道坎必得客觀的評價毛澤東和他的思想以及深層意義，更重要的是從評定裡看清我們自己、看清我們中華民族的素質、智慧。這比評價更重要。

　　有句狗屁名言叫做：民能載舟、能覆舟。這句話三不像，是理非理、是實非實。事實哪有話中的輕巧？載舟容易覆舟難；說起來輕鬆做起來難。如容易，中國的封建社會不會相傳了三千年，還不知什麼時候才能到頭。這句話有許多疑點：民眾這麼容易齊心覆舟？民眾需要開竅，何時能開竅，誰來開竅？來開竅人民的民主人士住往被社會釘在反革命、亂臣賊子的十字架上。民與民像水中的波浪那樣自碰互撞。這樣的水性能覆舟同時又在載舟。這話的重點是覆舟，這舟要爛得千穿百孔還不致於覆呢！這期間人民將民不聊生（是民主不堪的意思），且要熬到何時才是頭？民要遭多大的罪受？特權和百姓之間要怎樣的不公時才可覆舟？特權統治又會使出怎樣的恐怖"維穩"？把淫威當"英明偉大"高呼能覆舟（民主）嗎？這舟既然載成了就不容易覆，覆舟的民主力量何時才能大於載舟的力量？民主的人士要作何等的犧牲和磨難才可覆舟？這載舟覆舟的話，豈非似理非理、不三不四？

　　孔子曰："堯舜以仁率天下民順之，桀紂以暴率天下民順之。"要知國外人的"順之"與中國人的"順之"差別相當大。外國人的"順之"是頭昂著的，中國人的"順之"頭是叩地的。這載舟覆舟的狗屁話本來是勸統治者不要行惡太過，太過了是要被推翻的，到頭來卻成了人民的迷魂湯、安慰劑了，根本激勵不了人民。

為什麼老是要覆舟？不可以讓舟行萬里？可以憲治、民主行舟呀，舟上可以載著憲制和民主呀。要知道覆舟，談何容易，現在科技發達了，裝了許多攝像頭、竊聽器，再說一個民族要付出多大的代價？還不如我們平時多長些記性。我們這個民族，怎麼這樣記不住英國歷史學家亞力山大說的"絕對權力絕對腐敗"。如果民眾記不住，那就記住，"畜善狗欺、人賤權欺"的道理就行了。權力本身走向濫用、殘暴與腐敗，權力一看民眾這麼好欺好糊，再爛再腐還高呼"英明偉大"、"萬歲"，豈不賊心更大？因此，民眾用愚昧、懲惠、歌頌以對呢還是嚴陣以待好？是溜鬚拍馬好還是尊嚴點好？人有尊嚴就會得到尊重。難道中國人連這個道理都不懂嗎？

看來民眾又要寵壞一個新上臺的領袖了，為了大閱兵，清華大學的一個操練軍閥的學生代表竟會在臺上代表清華大學生宣誓："掉皮掉肉不掉隊，流血流汗不流淚⋯⋯"如今的清華大學哲學水準真高，馬屁當學問。

當我們爭論不下時，爭論的方式就得拐彎，我們得探討"如何形成的問題"。"如何才能正確地評價"和"評價得如何"是一根筋上的兩個螞蚱，"如何才能正確地評價"比"評價得如何"重要得多，只有正確的評議方法才有正確的評價。

正確地去評價涉及到方法論。其實不光是評價，像理想、目標、結果、結論的實現、都離不開方法。方法是關鍵。方法論比理想、目標更重要。方法的重要性涉及到科學，科技含量極高，而且其本身要講原則，體現原則，難度遠比畫理來得高。至於理想、主義是只要吹噓。因此給毛澤東什麼評價的價值是雙料的，既要確定畫什麼理想，又有如何去體現文明和實施文明的方法。

　　如今，人們喜歡把這兩個偉人作比較。毛澤東和鄧小平在世時都被我們捧上天，現在情況有了變化。人們開始朝鄧小平吐口水了，並終於發現他搞的是特權暴富政治。出於對腐敗的憤懣，民眾忘掉了毛澤東的專暴，忘掉了全民貧困，忘掉了他的折騰，忘掉了一個接一個的政害運動，忘掉了運動中許多人生不如死。他折騰了一世，也沒戰勝自己的人性，他不但不去戰勝黨派這種物事的一貫劣兼性，反而強化它到極致。民眾對毛澤東有份中國人本能的特強的封建反射，對他的暴政政績崇拜有加。毛澤東時代社會和官吏腐敗確實少，那不是國家制度好，那是因為他的淫威，這淫威得有多少人民的悲慘不幸和貧困換得的。

　　中國的老百姓還是忘了"絕對權力絕對腐敗"的話。鄧小平有點冤，但也值了，他為這個特權統治貪得了這麼多的財富。因為權力走向腐敗，鄧小平只是順著規律走而已。毛澤東不善於搞經濟，國家越來越窮，鄧小平善於來錢。毛澤東打下了絕對權力的淫威，接下來必然是絕對的腐敗。人民除了要負忘記這個道理的責任外，難道人民在這過程中真的沒有其他責任嗎？人民既是個受害者又是個合拍者，這叫自作自受。

毛澤東的路還能走下去嗎？人民在毛澤東時代幸福嗎？我們早已被修理得忘了幸福是什麼滋味了，也就是人的感受在權力的改造下，對幸福的知覺神經已麻木，泛威變成了英明偉人，畸形成寧可活得又窮又囚，只要沒人富冒尖，就是一種舒坦的精神感受。國家本來就一窮二白，還在稀裡糊塗的搞階級鬥爭、政害運動。搞得真是貧困得不行了，也錯誤得不行了，給鄧小平創造致富的契機。實際上他的黑貓白貓是在否認毛澤東的政治路線，社會同樣的專制，但兩者的線路南轅北轍。鄧不再走過去的鬥資本主義老路。而是經濟上親資本主義之路。又不能說資本主義好，只好反著西方國家，幹資本主義。這種偷雞摸狗的行徑這不過是不敢承認別人走的路是對的；只不過人家的路走得自自然然，而自己的路走得彆彆扭扭。因為自身的制度不好，腐敗、黑暗、高壓、殘暴是必然的。資本主義的腐敗有民主、自由、憲制遏止著，而社會主義在絞殺著民主、自由、憲制。

政權，這是沒有哪個特權統治所肯放棄的。這樣勢必會和民主力量對峙，也勢必加重極權勢的另一現象——資本主義的黑暗加極權的黑暗，簡稱"黑加黑"。濫用職權是必然的、腐敗是必然的、窮富殊異是必然的，百姓的憤慨是必然的、統治權發狠 "維穩" 是必然的。於是，發展到後來，這個政府必然是死豬不怕開水燙。

封建專政這條足跡中國走了三千年，從秦朝走起，走到……明朝、清朝，還得再走下去。其間，大中國被滅了三次，要不是世界反法西斯的力量幫了一把，說不定已亡國了第四次，亡給了彈丸之國日本。華夏的歷史已牢牢的釘上了羞辱，它的前半部分，秦朝、漢朝、隋朝、宋朝……都是一個個的封建專制帝國，後半部分都在更專治的大統中亡國。這種亡國都有一個同樣的特點，就是從中央爛起、從根爛起。國人在訴說中華民族的血淚近代史時，在怪別人的侵略外，別忘了找找自己的根源。

毛澤東的評價涉及到如何評價才科學的問題。這裡有必要理解人類的社會人性，有必要認清人的智力。看清楚了人民的智力和人性，就能看清人民的評價，就能發現錯誤在哪裡，原來和愚昧、奴性有關，和錯誤的方法、有關。人民被自己的光環戴暈了，已看不清楚自己只不過是進化得並不高級的動物。

我們的智力很差很差。我們結論毛澤東英明偉大，事實上他不可能面面偉大、事事偉大。就像中國的原子彈之父錢三強、鄧稼先只是偉大在原子彈上，而社會政治智力方面只是個白癡。怎樣才能稱為知識份子，要專業＋社會知識才配稱知識份子。現在有個別名叫 "公共知識份子"，這名稱還不妥當。

　　上面的偉大和人民說毛澤東英明偉大意思是不同的，說毛澤東英明偉大附帶著別的意思，就是他拯救了中國，他是人民的大救星，所以才英明偉大。變質的這句話和萬歲如出一轍，人民的智力極容易犯形而上學的錯誤，這就是哲學家孔德發現的：人的社會和智力發展有三個階段，神學階段、形而上學階段、理性階段。我們的精神是神學階段，而思維充其量只是形而上學階段。

　　我們的智力與現代哲學嚴重脫節，現代哲學大講語言學中語境：凡一句話、一個理，在一個問題的關鍵處、一個關鍵字上一定要問個指的是什麼。如果懂得這個哲理，下毛澤東英明偉大的結論，就會懂得要指明英明偉大在哪些方面，又無能、錯敗在哪方面。這樣探討問題才不會形而上學，是實事求是的。

　　這也是個講"理境三明"的問題。另外，我們論是證非，必須要**"事中言理、理從事出"**，這就是哲學家伽爾默德的**"回到事物中來討論"**即"事中言理、理由事出"的又一哲學原理。

　　為什麼對毛澤東的評價人們會有這麼大的爭議呢？主毛派和反毛派爭得如此劇烈，分歧如此之大，這種差異本身說明極不正常，肯定有蹊蹺、有智力外的原因。這就要搞清楚這如何會有如此大分歧的“如何”，讓科學來說話。面對面的嘶咬已解決不了勝負，得認清我們各自的智力和人格。

有一點很清楚：那就是我們所處的空間，從來沒有讓人民爽爽快快、自自由由地討論個充分。我們被關在鐵屋子裡，四周是拿著槍的“人民解放軍”。每個國家的軍隊都是可愛得像狼狗。中國的軍隊最可愛，因爲它的名字叫“人民子弟兵”。分歧如此之大，歸根結底是人性加智力上的問題，是我們沒法充分討論，沒有說透。

毛澤東確實英明偉大，這讓不同政見的人、對手、敵人都不得不承認。這裡，毛澤東肯定有英明偉大之處，但是接下來我們的思維智力犯了形而上學的毛病，自然而然地形成事事英明偉大、處處英明偉的孝忠思想作了怪。因爲孝忠思想的作怪，我們人的智力發生短板，看問題下結論往往會“一金（俊）遮百臭（醜）”。再加上權力的威逼利誘，於是就會形成：他的思想偉大、他的行爲偉大、他的人格偉大。英明偉大這個詞的意義，以後就成了“拯救了中國”、：人民的大救星“。這英明偉大就是人民的大救星？好像這兩詞不等同，現實裡的事實也不符合。

是大救星還是大災星，這已成了我們繞不過去的彎。這已不是一般的道理，這已不應該地成了我們尊敬不尊敬毛澤東的感情問題，孝不孝忠、愛國不愛國、反動不反動問題。喊不喊毛澤東英明偉大，實際上成了封建社會喊“皇上萬歲"。

這道題已成了世界級的問題。既然我們進入了文明時代，我們的智力已有能力做好這道題，按理這個問題也不難。

這是個長成樹結什麼果的問題。如果長成樹不結果或結惡果，好事變壞事。這也是個因果關係，又是個哲學理論。因果原理，用毛澤東自己的《實踐論》來講：實踐鑒定動機。這話有點極端，但足以"其人之道還其人之身"。獨裁的現狀鑒定了他做朕的動機。

應然的因果關係：有時候要看因，有時候要看果，有時候因果都得看。說起來有因必有果，有果必有因，但此因非此果也是常事，此因配那果這往往是人智力在錯配。

有關因果的道理是形而上學的，人的解釋往往擇需而用。但毛澤東英明偉大是否是人民的大救星，毛澤東把自己說對了：實踐鑒定動機——壞樹結惡果。就造成我們"公說公有理，婆說婆有理"而言，是有些人至今習慣叫"萬歲"而已。

我們應該儘量客觀的看問題。要把中國從舊社會"解放"出來，只有毛澤東能做到。國外讚譽毛澤東是幾百年不遇的奇才一點也不誇張。要推翻舊統治，解放舊中國不是一件容易事，連命運之神都做不到。但是中國出了個毛澤東，所以奇跡發生了。要把若大的中國統一起來、規一成這樣，用一個偉大來說是不夠的。從這個層面來講，毛澤東堪稱英明偉大，稱作“神人”、“天才”也不爲過。

這樣就形成了人民“毛澤東是多麼的英明偉大”的看法。這英明偉大到了統治者的嘴裡、到了人民的嘴裡就變了味，但這些成功只能說明在“推翻”、“解放”、“統一”、“歸一”上，毛澤東的作用確實英明偉大。

統一、攥緊能發揮禦外作用，有不再受外辱的意義。這只能說明在這些方面他是偉大的，他的與人斗方面尤其英明偉大。但這不等於人民就得到了滿足與福祉，不能說明他在製造人民幸福和美滿上是偉大的。因爲人民幸福不幸福，是個推翻舊社會建立一個怎樣的社會問題。這裡有重要的政體、制度問題。上面的“因”不一定結出下面的“果”。更不應該把失得其反的果渲染成功高蓋世、人民幸福了。國家的國力和整體有一定的提升，不等於有長足的根本改觀。就像大清朝那樣，在他鼎盛期就埋下了衰敗的因數。這就是既愚蠢又落後的體制，不求上進的權位思想。這裡民眾的智力又發生了短路，有一定的提升不等於功德圓滿。既使功高蓋世也不能反過來反對、迫害更好的法制建議。毛澤東再英明偉大，還是逃不出權欲的魔咒和權力必濫的規律。那他還有什麼可英明偉大的呢？

這就像他種活了中華樹，長成後盡結惡果、臭果，根本不結幸福果。這好比一場戲，只演了上半場，人民就在權力的鞭策下唱起了"東方紅，太陽升，中國出了個毛澤東。"人民不待戲演完就把下半場戲的評語也早唱好了："……他為人民謀幸福。他是人民的大救星。"並在奴性的支配下一直唱到他老死，唱到人民自己被害苦。這都是人民的智商問題、人性問題。如果人民的智力很高，懂得基本的政治知識，就不會迫不及待的去討好，就會看接下來的戲會怎樣演，就會懂得接下來要看的是社會制度民主不民主，這才是重中之重。如果連這都不知道，這群人民是盲民、奴隸、白癡。

如果有人把人民從水裡救下來，又把更多的人推進火坑，他還是個大救星嗎？接下來的貨還沒到你手上，你能把錢和信任就預先交付了？這是明智的嗎？大家忘了史達林製造的波蘭"廷森慘案"？這就是波蘭預支信任的教訓。再說對方是個政治家，政治家，無賴起來比騙子還壞。一個"英雄"把女子從強盜手裡奪下來，又強暴了她，這個"英雄"還是恩人嗎？很明顯，人民的腦子又進水了。這前面的義舉的"義"必決定於後面的結局。我不明白在政治上，人民的智商會這麼低下，低下得和動物沒什麼兩樣。

如果這裡的道道人民總算明白了，那大家的思維就會轉到接下來這位大英雄幹了些什麼，並從他幹了些什麼鄙劣的勾當裡看他究竟是那號人。看他"解放了"人民後，"強姦了人民"沒有？是不是把更多的人推進了火坑？這個道理不是很難回答的題，只要權力允許老百姓充分的擺出事實來

53

就一目了然。如果不允許，那肯定是事實見不得人。

要完成這個推翻舊政權，從舊政府手裡解救出中國，這大業除了雄疇大略，足智多謀。還要工於欺誘、陰險狡詐。也就是他得有正邪兩方面的才智。但是長此以往，又會讓這個人生出性格的兩重性來。老老實實、書生一個，既使博學廣文、才高八斗也是無濟與事的。這功夫不簡單在什麼地方？這要有本事玩陽的不算，還得玩陰的，還得高手中的高手才成。這高手要吃透人性和社會，要利用人的弱點和短板。不僅要讀過許多書，還要"讀對書"，從書裡找到屬於自己的所用。還得有千面人、會演戲的天賦。這既使算得上英明偉大，這英明偉大也是髒兮兮的。

從他的文章裡無法得知他懂透了多少。但是他用得成功。也只有行文這樣的深淺才能用於現實。深了反而不好使，深了老百姓反而不感興趣，就像我的書。有頭腦的讀者稍作推敲就能發現他的那些文章所言盡似是而非，都是不靠譜的滑頭。沒頭腦的信者讀來娓娓動聽，如糖似蜜，不知其中的有詐，欺世盜名，埋藏著政治陷阱，他的文章騙騙人民和一般的知識份子正好。

他更屬於功利主義者，馬克思主義只是裝裝門面。馬克思的學說本來就是不明不白、不透不徹的學說。可能毛澤東就是利用馬克思主義的這種特點活學活用。毛所作所為都是唯心的、唯我的，卻自稱是唯物主義。這和馬克思也非常相似。他打的是馬克思主義的"無產階級"旗子，幹的是歷史上改朝換代的農民造反。

　　輿論宣傳和管控輿論方面共產黨無與倫比，這是從馬克思主義的無產階級專政的專制傳統裡淘寶淘來的，這無與倫比的宣傳本事也是他從馬克思那裡學來教共產黨的，謂之階級路線。他不是為了打造一個高度民主文明的社會和憲政的國家，他要把中國拉回到封建社會。他要打造中國成為與世界文明抗衡的封建專制堡壘。多少著名的知識份子相信他，又敗在他手下。他手上拿著中國各朝的成功權術，把這一切用文明的裝裟掩蓋起來。這就是他的偉大之處，但他不是個大救星。他的許多作為是反文明不可取的，他善於利用人性的陰暗面。深諳人性的弱點。他相信人民會拜倒在"勝者為王，敗者為寇"這條"真理"腳下的。一但成了王就是英明偉大，就是紅太陽。寇就是失敗的狗屎。

　　他演出上半場半場好戲，也演出了下半場壞戲。更要命的是他人已仙去，卻留下了他的魂。只要皇帝做到老死，那他的英名就會永垂不朽，像秦始皇、朱元璋、慈禧太后，只要得到人民的吹捧，那他和他們的名字可共載世冊。他很清楚自己勝秦始皇、漢武帝、成吉思汗、明太祖一籌，今天的成功要比前朝歷代難得多。他的詩句"只識彎弓射大鵰"的豪邁詩句不是吹牛，而是句大實話。這個時代，"只識彎弓射大鵰"的本領只是雕蟲小技，還得"懂種種'外國

語’”——世界的文明行話，得會利用世界文明的皮囊才是
真英雄。他是功利主義利用人性弱點的典範。用馬克思主義
和現代文明世界裡的理念做了件適合中國人民穿的封建袈
裟。最後成就了他，書寫出一部“新的篇章”，一部新的封
建主義。中國出了個更高明、更昏庸的朱元璋。

　　這確實是個爭議人物。我們所以爭議不休，注意力光在
他既好又壞、有功有過上，根本想不到去研究研究評議中的
我們自己是否有質的問題。我們已被第一性第二性的說教迷
惑。根本沒注意我們本身體質的毛病。這毛病和我們的智
力、社會人性有關，再加我們更本不能充分的討論，有些看
問題的方法和說法又沒到位。如同鴨子與雞的爭論，憑著我
們人的物種能耐，能爭得清楚嗎？當然人是種能明白過來的
物種。但是人必須看到自己所具的功能，這功能有許多破碇
和先天毛病。我們根本想不到和動物相比的優勢真是我們人
的劣勢，此話怎講，我們人的優越性在“理解”，但我們無
知這一“理解”，即“優良機能”裡的缺陷。人也許會承認
自己看法上有錯，但絕對不會想到這錯來自於自己的機能
上。

　　這是個哲學問題：人活在自己的感知裡（實證主義叫經
驗），對經驗外的東西（沒理解的東西），沒有感覺、也不感
知，於是只能人雲而雲。這個自然表像無法擺脫，這是人的
一大缺憾。

　　把英明偉大的看法盲目地拓展引伸是一種慣性，這是人的一種不良功能。還有，人們往往人在什麼山頭就唱什麼歌，這裡既是社會問題又是人性問題。哲學家莫里斯的指號——條件反射現象能說明人類許多問題，形成的所謂的"自己的意志"也是種不良功能。尤其是人類的語言，表現出更多的不良。這些哲學性強的課題在我書其他冊子裡論述了。

　　政見、政事是我們第一大爭議。正確的途徑是事實經過思維得出認定（理念），但是我們往往通過其他方式也可以形而上學的形成認定（也就是通過莫里斯的指號）。這後者最後形成立場，這立場往往是即定觀，也即"意志"。所為的"其他方法"包括用權力和財富的威迫利誘，然後通過莫斯裡的指號、條件反射形成慣性。**此後人會教條地在立場下慣性的看問題。**在毛澤東的評議上我們爭吵不休，本來就有物種欠佳所體現的物理現象，在權力和政治的干預下變得相當惡劣可怕。

　　只要把他演的下半場戲，大量的、真實的、無阻礙的揭示出來，爭議自會雲開霧散、水落石出。就會發現在破壞方面他特有才，在建設方面他特無才。毛澤東是有他的英明偉大之處，但他不是我們的救星，他把中國從舊社會解放出來，演了半場的好戲；但下半場戲他演得特爛，甚至一步一個錯。沒有還人民一個新中國，他還人民的是更專制的舊式

57

統治，他想用淫威來實現他的"專制烏托邦"，他沒有爲人民謀幸福。他應該到精神病醫院去治一治。如果他早去精神病醫院求診，就不至於一根神經搭錯，搞得自己的同志、共產黨陣營人仰馬翻的。國家、人民不至於遭此大劫。史達林和希特勒、墨索里尼都應該到精神病醫院去就診。也許這四人早早上精神病醫院去求診，也就不會病入膏亡，世界和國家不致於遭此大災。

醫患關係的惡化從 6.26 開始

6 月 26 日是醫生節，也是父親節。能把醫生節放在父親節，看上去很抬舉醫務人員的尊嚴。儘管除了尊嚴，醫生節和父親節什麼都沒撈著，既無休假又無實惠，既無形式又無喜慶。為什麼選 6 月 26 日為醫生節，我百思不得其解。難道 6.26 是我們醫生的黃道吉日？個中的原由還挺耐人尋味的。

有位同學說並無醫生節，而是我們醫生自己無中生有的事。很有主見。

以前的醫生節一片寂靜，今年一片喧嘩。僅存在同學們心中的那點自豪感一掃而空。代之以驚慌、騷憂、憋屈和憤青。紛紛轉帖發生在醫院裡的發生的那些血性的醫患關係場面，醫患關係惡化到可怕的地步……以前的白衣天使淪為任人宰割的羔羊是早晚的事。

當今社會，一句話而斃之——斯文掃地，唯權力為梟雄。人們一方面對上敬仰有加；對下、相互之間，忍耐心幾乎降到了冰點。更不提修養兩字。說得難聽點，這是個最不尊重知識、知識份子的社會。一個社會只有權力尊重了知識、尊重了道義，民眾才會斯文。如果權力不講道義，甚至迫害道義，這等於是在迫害知識、知識份子。白大褂已失去了神聖的作用，醫生裸露在外，毫無保護層，職業風險驟增，醫生成了高危職業。現在人們的火氣又大，無名之火無處可灑，只要有點爭執、有點事故，就是發洩的去處。

我們國家的最有名的兩位哲學家老子和孔子對這種社會現象都有名言。

老子說：　“不上賢、民不亂。”　上賢民都要亂，何況上的是假的賢呢！所謂的假賢，就是自己不道義，叫人民道義；自己腐敗，叫人民學雷鋒、聽黨的話，發揚共產主義風格。民怎不亂？

孔子也有名言；　“⋯⋯桀紂率天下以暴民順之。”　什麼叫民順之？人民紛紛仿效而暴，暴什麼？暴一己之私，而損他人、而損國家。最終的結果：社會斯文掃地。孔子的話在說，問題出在桀紂身上，　“桀紂”斯文掃盡在先。民眾上表下效，斯文喪盡在後。醫患關係惡劣如此，冰凍三尺非一日之寒。爲什麼除了中國，絕無別家？

莫言先生倒也吐出一句像樣的話來：我們要把《西遊記》倒過來看。倒過來看是這樣的：孫猴子仍回花果山當他的猴子—— 一路上斬妖除魔保唐僧西天取經 —— 唐僧一路上念緊箍咒——五指山下“解放了”悟空——悟空大鬧天宮——孫猴子在花果山。一倒讀到是看出點明堂：悟空翻不出如來佛的手心，仍被大山壓著。猴子還當猴子，玉皇大帝還坐天庭。取經不取經，只是個噱頭。這是不是否點像共產黨鬧革命？

我們把上段再倒過來看現實：從前"孫猴子"牠們"被三座大山"壓迫著，"孫猴子"大鬧了一陣子，另一"佛僧"解放了悟空並收羅了去，那"佛僧"一路念著佛經，不時念著緊箍咒，悟空一路斬妖除魔保這"佛僧"取得正果，最後和原來一樣，回到了花果山。當他那個"名正言順"的猴子。看上去他被一個"佛僧"從如來壓著的手掌中解放了出來，其實還是翻不出如來的手心。如來的手掌就是權力、就是統治。壓著好比專政。

我們也倒讀一下今天的醫生的處境：今天醫患慘像頻頻◀━白衣天使顏面掃地◀━醫院畢業生下放農村◀━穿鞋的不如赤腳的◀━醫院工作人員地位倒過來，務工強于護士、護士強于醫生、醫生強于教授◀━批鬥學術權威、醫學專家◀━6.26 指示◀━原來是好端端的白衣天使。

好像是從文化大革命中，醫生開始倒楣，白衣天使顏面掃地。

我也發了帖子湊熱鬧，"醫患關係的惡化是 6.26 開始的"、"6.26 是醫生的噩夢"、"知道嗎？6.26 指示的由來？"。

大家想不到這個指示根本不出於對醫療的深思熟慮，而是政治角逐的即興表現。

　　1965 年 6 月 26 日，毛澤東告訴衛生部："衛生部的工作只給全國人口的百分之十五工作，而且這百分之十五中主要還是老爺。廣大農民得不到醫療，一無醫院，二無藥。衛生部不是人民的衛生部，改成城市衛生部、或老爺衛生部、或城市老爺衛生部好了。

　　"醫學教育要改革，根本用不著讀那麼多書。華陀讀的是幾年制？明朝李時珍讀的是幾年制？醫學教育用不著收什麼高中生、初中生，高小畢業生學三年就夠了。主要在實踐中學習提高。這樣的醫生放到農村去，就算本事不大，總比騙人的巫醫要好，而且農村也養得起。書讀得越多越蠢。現在醫院那套檢查治療方法，根本不符合農村。培養醫生的方法，也是為了城市。可是中國有五億多人是農民。

　　"還有一件怪事，醫生檢查一定要戴口罩，不管什麼病都戴，是怕自己有病傳染給別人？我看主要是怕別人傳染給自己！要分別對待嘛！什麼都戴，這肯定造成醫生與病人之間的隔閡。城市裡的醫院應該留下一些畢業一兩年本事不大的醫生，其餘的都到農村去。四清到xx年就掃尾，基本結束了。可是四清結束，農村的醫療衛生工作沒有結束呀！把醫療衛生的重點放到農村去嘛！"

　　說起醫療衛生為誰服務，原本廣大醫務人員思想很單純，救世扶傷，心中只有病人，沒有貴賤。新中國成立後，是這個政府設了專門給國家幹部看病的特殊待遇，毛澤東有自己的醫生和專門的醫療團隊,其他首長有相繼的照顧。幾十年下來相安無事,毫無先兆,怎麼會文革中禍起蕭牆? 6.26 是怎麼蹦出來的?這指示對醫學事業來說是傷筋動骨的,像這麼大的決定,影響醫科的未來,就算作為國策,能由一個人在任性中決定嗎?不經過大家的研討、醫學界的研究、中央領導層的研討?這種決策式微是何種權力模式?今天又恢復原狀是什麼意思呢?是毛澤東的指示錯了,還是 6.26 指示出籠前的狀態並沒有錯?

能不能把 6.26 指示中武斷的那些話作一番科學的醫學的思量?

這幾段話是非常不負責的,既使考慮到政治也是非常草率的。很明顯,是沖著劉少奇來的。因為心思是歪的,只能用極左的面目表現,只為一個說不出口的目的。何為左派,在我的《功利主義是歷史的倒退》一文中有界定:冠冕堂皇,口似心非、似是而非、欺世盜名。

指示裡的話,種種的認定是卓見?高度體現了無產階級世界觀?他指責的那些醫學上那些既自然又平常的狀態是資產階級的表現?"口罩"、"書讀得越多越蠢"、"其餘的都到農村去"、"重點放到農村去",是深思熟慮的科學見解還是一種左式思想?醫學重點是什麼?怎樣的重點是他心中所要的?北京醫院只給中央首長看病是共產黨自己規定的,是給老爺看病的,那麼毛澤東自己是怎樣看的病?怎能說城市裡的其他醫院是給老爺看病的？整個醫療衛生是給老爺看病？文明向城市集中是個自然現象，不是資產階級的硬性規定，醫療分佈有其規律，怎能算為老爺服務？那為什麼中共的辦公地點放在城市，還要放在中南海，而不放到農村去？這不是為老爺辦公嗎？所以說 6.26 指示是極左言論，是別有用心的。

為他毛澤東服務的醫療條件又是怎樣的呢？是御醫級的。除了醫生是專任專用的，還有個御用醫療團隊，也是專任專用的。護士得挑三揀四出來的，有的還得三陪服務。全國的著名大夫被任憑調用，招之即來，呼之即去，專機接、專機送。這樣的醫療服務，是不是老爺式的？可能說成老爺規格還太低了吧！該叫無產階級的皇帝級別才對。

作為無產階級的偉大領袖，享受皇上式的醫療待遇也就罷了。自己享受了不算，卻反對城市裡的醫療狀況，稱城市醫院是老爺式的，這說得過去嗎？這不僅是說醫療設備是老爺式的，服務是老爺式的、作風是老爺式。是否說得太蠻橫？白衣天使崇高在哪裡？就崇高在對病人一視同仁，在醫生的眼裡病人沒有貴賤。怎麼說得出 6.26 指示中的話？並把這樣的指示視為具有無產階級的最高思想覺悟呢？6.26 這樣的指示就是無產階級式的嗎？這樣的醫療思想是馬克思主義的？那裡有標準的無產階級醫療服務形式嗎？毛澤東享受的醫療條件是無產階級、馬克思主義的嗎？居然這個指示能得到了全國人民的回應。後來，劉少奇就在得不到任何的醫療中，既得不到老爺式的醫療服務，又得不到標準的無產階級的醫療服務中死去。在黑呼呼的關押中，在臭得比自己還臭中死去。

醫療問題算個什麼問題，算個什麼角色？只不過是政治鬥爭中的一個籌碼。

這 6.26，裡面到底有沒有點 "故事" 呢？來自文化大革命中的資料顯示：1964 年，保健局體檢劉少奇，發現劉少奇有肺結核，毛澤東聽了神色中流露出一絲幸災樂禍。不但沒有關懷，還迅速加速攻勢，要讓劉的病得不到良醫治療，要從健康上催垮，從而贏得權力鬥爭的勝利。他對高幹的保健工作做了一系列的批示，命中央衛生局徹銷保建局，高級幹部不准有專任醫生，說專為高幹設立的北京醫院是老爺醫院。原話是 "北京醫院可以改名老爺醫院"。毛和劉的關係惡化，毛和劉在制訂四清工作二十三條時就矛盾公開化，衝突加劇。劉少奇的勢力並不落單。為此，毛還去了一趟井岡山，還打算過重建紅軍、重建黨呢（他這樣中就不叫分裂黨？這個念頭足見他權力鬥爭想瘋了）。

六月二十六日，毛澤東又指責衛生部，說："衛生部不是為廣大人民看病的，不是人民的衛生部，衛生部的眼光放在城市……現在醫院那套檢查方法根本不符合農村，培養醫生的方法也是為了城市……服務物件要轉向農民，服務重點

65

由城市轉向農村⋯⋯醫學要改革，根本不需要讀那麼多年的書，主要在實踐中學習提高，這樣的醫生放到農村去，就算本事不大，總比騙人的巫醫要好。⋯⋯"後來，像個內行那樣，在許多問題上指使醫學起來，又說"城市裡應該留畢業一兩年的'蒙古大夫'（他經常前說後'忘記'，說過的話不算數。前面剛說了醫科不需要讀那麼久的書，把這樣的醫生放到農村去，後又說把"蒙古大夫"留在城裡。）⋯⋯"這就是以後的 6.26 指示。以後保健局撤了，幾次三番的小動作，真正的目的是讓劉少奇有病得不到很好的醫治。繞了個這麼大的圈，砸了這麼大的攤子，並毫不講理的打出他喜歡的人民牌、農民牌和"95%"這張王牌。

這種思路是正常的嗎？醫療事業有其規律。他的真正用意我們不說；這樣搞對醫學來說是不是科學我們不說；是不是解決農村看病難、看好病我們不說；但從此把醫學尊嚴和名譽給摧殘貽盡。他把醫學專家說成"騙人的巫醫"，倜侃年青醫生為"蒙古大夫"，指責"書越讀越蠢"，蠻說"醫院檢查不對頭"，不准醫務人員帶口罩，"口罩成了隔閡"。無形中做出了對醫務人員不尊重的表率，民眾怎不響應？慢慢就造成今天這樣的醫患關係。

作為一個偉大領袖能這麼草率的說話嗎？老子說"不上賢，民不亂"。他這樣為了抽空城市醫療水準，要劉少奇的病得不到特殊治療，為了要鬥敗劉少奇，為了爭權奪利，

給社會上這樣的 "聖賢" ，民怎不亂？作為皇上般的領袖，會給全國帶來怎樣的影響和後果？為了一己之權，不顧天下蒼生，這就是他為人本性！這不是一時的疏忽。在他的眼裡醫生都得帶罪立功，不，是帶罪服務。今天的醫患關係，對醫務人員的砍殺，可怕到學生不敢報考醫大，都是他一手造成的。從別的國家對醫生的尊重和醫療事業對其國民的回饋，充分說明我們國家的文明退化到何等地步。

我在《似是而非，欺世盜名》一文中有這樣的說辭：共產黨成就了毛澤東，毛澤東發展了共產黨。

在一個折騰黨性、路線的，講極端的階級自利的組織內，這讓他如魚得水。

毛澤東確實有過人的才智，他擅長：造反革命、發動群眾、運籌帷幄、軍事大略、宮廷權術、洞察別人、製造理論、蠱惑人心……這些才智使他在黨內出類拔萃，並用殘酷的權力，使他成為全國的、甚至是世界的偉人。不過這只是世界上政治家圈子裡的交口稱讚。政治家所賞色的智慧是權力性的，不是人民性的。

勝者為王，王者的英明、偉大，絕不是英明、偉大在正直、誠實、善良、厚道、光明磊落上。成功一個王者的，往往是政治家的睿智、卑鄙和殘酷。

佛教說：有沒有菩薩？信則有，不信則無。

基督教說：有沒有上帝？信則有，不信則無。

是佛教徒信菩薩，是基督教徒信上帝，我上面所揭的真相信者信，不信者不信。這反映出一個人性。信與不信，不決定事實真相。決定於你的信不信。而信不信又決定你早被形成的意志、人格、立場。以上這些事實，"具有封建人格"的人會義無反顧地認爲這是反毛的、反國家的、反動的。他們不是首先考慮是不是事實。這就是我《善惡觀點的進化》一文中講到的。他們判斷是非的根本不再是事實而是條件反射、是立場。對真相的承認不決定真相，這就是我們的悲哀。

要糾正醫患關係，看來並不容易，凡事破壞容易重建難，得"冰凍三尺非一日之寒"。這和社會的大環境有關。要扶正醫患關係，哪裡跌倒的，就在哪裡爬起，重新認識6.26，還6.26指示的真相。在6.26跌倒的，就從6.26爬起。

老子的無爲而治

老子的智慧和孔子是很衝突的，這衝突是方向性、大原則的。有人把老子作爲無爲而治思想的代表，孔子則是欲爲而治的代表。

他們倆的思想反映了兩種取理體系，這兩種體系也體現了當今世界對真理的判斷和取錄。可以用現在的理論來論說它們，這現代理論是應然與實然理論和自然態與自然法理論。

應然與實然理論：實然是真相、事實，但不是真理、人類的守則和理性規則；真理來自應然，這應然是不帶引號的，應然是通過充分討論和時間的檢驗的。應然再經得起考驗也得帶引號，這是個本體論問題，然這裡的應然有兩項質保，即充分討論和時間檢驗，應然的程度無限地提升了，所以不帶引號，並加上了這些話予以說明，看不懂哲學的人會對這段文字莫名其妙。

自然態和自然法理論：自然法隅于自然態中，但自然態不等於自然法，自然態相當於實然，自然法相當於應然。自然態裡既有精華也有糟粕，既存在理性也存在著獸性。自然法是人類社會理性、文明沉澱下來的守則和真理。不是用槍桿子打出來的。

孔子思想的取理體系是以實然、自然態爲依據的，實用就是守則和真理，也就是以現實中流行的、有效的、成功的經驗爲真理。中國話就是"勝者爲王、敗者爲寇"。這不是說成功的經驗不是理性，它可能有理性，可能就不是理性，同時我們應看到非理性往往會獲得成功。我們沒人說成功等於非理性，這種話會被人抓小辮子。同樣，成功就是理性也是爲人所不齒的。

因爲理性也會成功，再加成功本身的吸引力，"智力有時會錯亂的人類"就崇拜成功兩個字。以成功爲信念的市場行情相當興旺。我們的利益心已把"只要成功"當了"理性的成功"。

老子對這種孔子的取理辦法極不爲然，他是崇拜大自然的，他崇拜的是大自然的實然，而非人的社會實然。人的社會中的實然，既使是"成功的"，這"成功的"實然是一時的，有的是人性中的糟粕形成的。用理性一分析，是骯髒的、黑暗的，它終將崩潰而不可取。也就是說，老子是以應然與自然法的法則當真理的。

無爲而治的理念不知是誰提出來的。老子在《道德經》裡講的不是那回事。《道德經》第三節講了治理社會中的統治者普遍在犯的錯誤，這錯誤既和統治者有關，更與民性的"矯情"有關。要統治者注意這一點，不可利用這一點故意爲之。他的敘述像是個無爲而治思想，但著意點不是無爲而治的理念本身。無爲而治這話是形而上學的，爲什麼是形而上學的，本文不說了。

老子《道德經》裡所講的問題"無為而治"的針對性比較強，指出的問題完全在大家的想像之外，這是一個很智的學術題，根本沒有開發。

他所指的是治埋上的錯誤，這錯誤之大，無影、天成、蓋世、立史。這幾個詞怎麼說呢？作為一個統治者，必然要作為。如不加注意，必成大錯。尤其是在一個獨裁專制的國家，獨裁者一個看起來不經意的舉動、指意，更有甚者是欺騙了民的旨意，民眾就會爭向表忠、效力。他無須懿旨，命令，這就叫無影、天成；並很快釀成翻天覆地的回應，成為歷史性的事件，這叫蓋世、立史。獨裁者利用人們的這種社會特色、利用這種不健康的社會人性，為所欲為，搞政害運動，美名曰發動群眾，走群眾路線。所以愛恩斯坦把偉大的領袖說成無賴，**這裡還得加一句：無賴的偉大，一半是民眾自己去湊合的。**於是統治者往往利用民眾的這種心理，把民眾的人性訓成像狗那樣忠誠；像狼那樣殘忍；像猴那樣渙散，像豬那樣漠然。基於獨裁者是這樣，而民眾是那樣，老子主張不上賢，何況獨裁者往往上的是假聖假賢、是有叵心的有欲、是另有陰謀的"陽謀"。

我們舉些例子來說明這種上賢民亂現象。

例一、毛澤東號召人們鬥私批修，向雷峰學習。這就叫

"上賢"。結果談戀愛、燙頭髮、穿小褲腳管的都是資本主義思想。我大學裡的其他班同學，文革中偷偷的談戀愛，晚上悄悄的發生了關係被發現，差點被校方開除，後受留校察看處分。永遠背了個壞學生的名分。那個時代，對資本主義思想的認定那個亂呀，只有伊斯蘭教的世界才可比擬。老百姓那"矯情之過"要多嚴重就能有多嚴重，這叫民則亂。在毛澤東的號召下，社會上鬥私批修、學雷峰如火如荼，每個人狠不得自己打自己的耳光，遠比基督教的懺悔來得嚴重。毛澤東卻住在"游泳池"少女成群，還一波換一波。有個女孩走過，有個警士摸了一下她的屁股，這女孩罵了聲流氓，女孩告訴了毛澤東，不是汪東興巧妙相勸毛澤東，這警士差點被槍決。這裡面就可窺見皇上的人性和子民的人性。江派作風如此腐爛借的就是這色老頭的獨尊和毛澤東思想，一種政治精神、人格分裂症。老百姓太好糊弄了。這個女孩自己做婊子，卻罵站崗的警士為流氓，這人心是怎麼長的？許多美人共搶以身待候一個色老頭。一年青戰士摸一下她的屁股都不行，挺正經的。還告訴主席，致一年富力強的士兵以死地。從這個女孩子身上我們可以窺見種種人性。同時這些年輕美貌的女子如此心甘情願、如此孝敬，這色老頭哪能不笑納？哪能不興趣？只要瞞過天下人就太平無事了。

人們有個怪現象，在現成的哲理中，沒有一條學問可解釋。如果這個領袖、偉人、一個宗教主，那他就是那思想、主義的化身，人們不但把他看作思想的化身，而且不會墮落，他像神那樣不會污染。你就是把骯髒的事實擺在他（她）的面前，也不會把這些罪惡和這個神聯繫在一起。流氓好色，只有強姦，有了權，淫亂就不是強姦？色老頭就不是流氓？這是哪家的法律，法律不是人人平等嗎？如果有了權就可搞女人，那麼醫生用藥迷倒女子就不是強姦。

孔子說："已所不欲，勿施於人"。既然毛澤東這麼喜歡"兩情相悅"，就不能阻止人們正當戀愛，既然他這麼喜歡亂搞男女關係，就不能保證人們在戀愛中不出軌。自己墮落下流，卻要全國鬥私批修，還批得如此過激極左，這哪裡是"已所不欲，勿施於人"？民怎不亂？錯不在他喜歡亂搞年青女子，錯在他還要裝神。必須把毛澤東思想與他的品行分開來，也必須用毛澤東思想來批毛澤東。

又來問題了，既然大家都不喜歡打自己的耳光，如此這般的"鬥私批修"，為什麼還力爭去做"先進"呢？結果人民自己把自己鬥私批修、改造思想得不成樣子，天天誠惶誠恐。詩人北島說得好："要人民犧牲自己，還要鬥私批修、天天改造自己，這不是'要粉筆粉身碎骨'嗎？這不是'砸骨吸髓的道德要求'嗎？人民欠了誰虧了誰？憑什麼要犧牲自己？要多神經我們才會犧牲自己？犧牲是多麼不幸和痛苦？"（見兜兜的詩《我是粉筆》）。不用毛澤東催促，大家就乖乖的往禁錮裡鑽。人民怎麼會這麼自願地鑽進他的的禁錮裡去的呢？造成這麼偏左偏激的結果，這就是老子和北島看透的"上賢"與"民亂"。到現在為止，越來越多的大學教授自己套著根狗鏈子到處演講幹騙老百姓的勾當。這教授的新行當還越來越吃香。教授都不知廉恥，何況民眾。

這"賢"是不是有點虛偽？這就是老子的"不上賢，民不亂"的道理。

例二、文化大革命期間，1966 年毛澤東見這把火燒不到劉少奇頭上，作為最高領袖的他跳出來給清華附中的造反派紅衛兵寫信，煽風點火提倡"造反有理"，還寫了張大字報"炮打司令部"。這是在指點紅衛兵文化大革命的"賢"是什麼？作為皇上人物，要滅誰直接降詣得了，何必躲在群眾裡寫大字報，還署題為"我的大字報"？這司令部就是党的領導，司令部的司令就是他自己，"炮打司令部"這麼反動的標語，只有他寫得出。就這種該燒向他的火卻引向了各級政府領導，奇怪的是似乎大家都共識，對這個罪大惡極的皇帝卻不能反。這能叫造反？這就是他給老百姓上的怪怪的"賢"。這種怪事也只有中國才見得著，做獨裁的婊子又要立人民性質的牌坊，他又玩起了人民群眾這張牌。順著他手的指向，發動群眾搞運動。這次火玩大了，還好中國老百姓還是三千年的奴才。什麼叫毛澤東思想？毛澤東思想精髓就是"掛羊頭，賣狗肉"。羊頭歸毛澤東思想，狗肉是他的作為。見不得人的行為隨著他死了，但他的思想作了這朝廷的治國之本，繼續掛著，領會思想中的精髓，活學活用，那就是"掛羊頭賣狗肉"。

這些無知無識的學生更是他利用的對象，經過一番慫恿後，如狼似狗那樣竄跳起來。紅衛兵、"造反派"如雨後春筍，打砸搶、破四舊、鬥老師，橫掃一切文明文化。三千年後的今天就成了老子典型的"不上賢，民不亂"的反面教材。

例三、暴君的暴、昏君的昏，一半是民眾自己害自己造成的。這就是老子"不上賢、民不亂"思想深層的原因。

還是文化大革命中，這時劉少奇被打倒了，在病中得不到醫治被折磨而死，毛澤東也不需要紅衛兵造反了，就想用工人替代紅衛兵。他把巴基斯坦外長胡珊送的芒果送到北京各廠，工人們舉行了盛大的歡迎芒果儀式，芒果成了聖物。供奉在大廳的神壇上，工人們排著隊一個個走去瞻仰，鞠躬致敬。當有人把這場景說給毛澤東聽，毛澤東嗞嗞發笑。只消幾隻芒果，就能把人們的魂都擄了去。現在代價高了，只要一枚導彈升天、半隻航空母艦就能把人們的魂收了去。

以後，工人開進學校"領導"文革，紅衛兵被下到農村，向農民學習，紅衛兵小小年紀舉著紅小本，狂呼毛主席萬歲、毛主席萬壽無疆，誓把青春當糞土去了。就這樣，紅衛兵被一筐巴基斯坦的芒果踢下了歷史舞臺。

　　老子的無為而治思想，指出了一個很重要的社會現象，老子指出的而治現象充塞著我們每一屆朝廷、社會。尤其充塞滿毛澤東的時代。這一思想折射出老子的高瞻遠矚。這個境界高在對人性社會的徹悟。這思想的價值在這份明徹中，無為倒不是價值所在，老子在提醒大家，價值往往在怎樣看獨裁者的有所欲為。老子在兩千多年前就如此的明悟，我們卻還照懵不誤，是智力倒退呢還是人性倒退？

　　為什麼要無為而治呢？一、統治者往往是有欲而治，常剛愎自用，弄巧成拙。二、孔子認為："堯舜以仁率天下民順之，桀紂以暴率天下民順之。"老子看到的是：不上聖，民不爭；民不爭，民不亂。我看到的是：這仁非仁，這順非順；導致人們可以像狗那樣的忠誠，可以像狼一樣的兇殘。上那種不三不四的聖，民豈能不亂？三、要信任自由，信任自然向上，信任公平競爭中存在著理性。人民的理智不能盲目地隨著統治者所上的"賢"亂串。

　　我們應該看到，不要說統治者上的是騙人的"賢"，就是上的真賢，老百姓便極左偏激，有無數小人會投機取巧，上竄下跳。

　　老子《道德經》的第一節"道有道，非常道"，這是本體論，我已有文章詮釋。老子《道德經》第二節講的是"道"自有它的客觀定數。【題外話：其實他講的是道，卻敘述成"常道"，不知道他明白這裡的誤失不。從字面來看是"常道"，但其意是道。有些常道與道是一致的，或者他是以和道一致的常道來說道。直至今日，我們對道與常道、是與"是"、本體的存在與主觀的存在的表述上還是不清楚的。】第三節講人類。講人類，首先講國家主權者治國之大忌，以對主權者曉之以理為開篇，《道德經》的敘述作這樣的編排，足見治理和權力問題是世事之最。這不是沒有道理的，因為統治是人世間的大惡或者是大幸。

> 不上賢，使民不爭；
>
> 不貴難得之貨，使民不為盜；
>
> 不見可欲，使民不亂。是以聖人之治也。
>
> 虛其心，實其腹，弱其志，強其骨，恒使民無知、無欲也。
>
> 使夫知不敢、弗為而已，則無不治矣。

對老子的這段文字世人是怎麼理解的呢？最常見的一種：不推崇有才德的人，導使老百姓不互相爭奪；不珍愛難得的財物，導使老百姓不去偷竊；不顯耀足以引起貪心的事物，導使民心不被迷亂。因此，聖人的治理原則是：排空百姓的心機，填飽百姓的肚腹，減弱百姓的競爭意圖，增強百姓的筋骨體魄，經常使老百姓沒有智巧，沒有欲望。致使那些有才智的人也不敢妄為造事。聖人按照"無為"的原則去做，辦事順應自然，那麼，天才就不會不太平了。

這樣的詮釋並不一定精確。

老子思想第二大精髓"是"無爲而治思想。"他的無爲而治思想"是爲主權者而感發的。因此我們應以這個角度來理解老子的這段話，下面是我的理解。

"不上賢，使民不爭"。通常析解爲"不推崇有才德的人，導使老百姓不互相爭奪"。爭什麼？爭做才德之人或祿位。可以這麼解釋，但這樣的解釋太平庸，並且不到位。應解釋爲：執政者如規定什麼是賢，什麼思想爲這個朝代的德，什麼行爲是模範，怎樣的表現是先進。（這"上"是"指定"、"設置"的意思。）老百姓就會像過江之鯽，去爭做這個模範，爭當這個社會的先進。更有其者，揣摩上級的心思，投其所好，溜鬚拍馬，不但爭先恐後的效服，更會"賢"過了頭，出格成狗成狼成猴成豬而不知恥辱。

"楚王好細腰，宮人皆餓死"，這就是社會人性。作爲統治者，始作俑者，應該看到、想到這一點。不要慫恿社會的這種風尚。這種風尚推波助瀾，就會發酵，黴變出種種過左過激，做出不知羞恥的謀思與行爲來。封建統治，不但不阻止這種現象，而且還制定"三從四德"的規矩來。主權者可以利用這一點，把百姓訓教成狗一樣的忠誠，狼一樣的殘暴，猴一樣的渙散，豬一樣的漠然。文化大革命就是這種社會人性的大爆發；二戰時的德國也是這種人性的見證。今天，又有這種見證：剛剛讀了作家朱大可的文章《告密者》，

寫的一個社會縮影，湖北大學校方組織"甜蜜天使"盟會，
要同學加入，實是要同學監視同學，後發展成學生向公安局
告密老師在課堂上講了民主的話。這種無恥的行徑就是當局
"上賢民爭"的結果。

孔夫子不聽老子說的，更不信老子的無為而治，反其道
而行之，創辦禮儀，並教唆統治者："*為政以德，譬如北辰，
居其所而眾星共之。*"他根本不懂得這德的性質，這德是權
力說了算的。這樣一來，統治者更知道，要"事業"有成，
無論是造反也好，搞亂也好，建設也好，保江山也好，為政
要德，變成了要給人民樹立起一個德，就像一切宗教，要吹
出一個神來，讓老百姓作"絕對理念"（費爾巴哈語），老
百姓就會趨之若鶩，積極表現。實際上是給老百姓下了套，
是統治者給子民做了一付枷栓。結果中國迂腐了三千年。致
於這個世界，你是德、我是德的、各上各的"賢"，割據開
來、統治起來。德與德、教與教爭起來不算，還打起來。人
民呢？為了這個"德"、那個"賢"，愛國當英雄，捐軀也
光榮。事情越來越複雜。

關鍵在於兩千多年前的孔子根本不懂得這德是什麼，於
是這德變成了統治者說了算的東西。孔子更不懂執政的德是
什麼，是開明的制度，如今叫憲法、憲政。言論自由，行政
透明，司法獨立，選官民主。要實現這些德又關係到一系列
的作業程式。能保證以上政綱的實行才算是有德。

　　毛澤東不聽老子的"無為"教導，提出十五年趕超英國，土法煉鋼，他一提出來大煉鋼鐵，曾希聖（安徽省省長）就拿出一塊鋼鐵廠煉出來的鋼錠充當農民砸鍋賣鎖煉出來的鐵疙瘩給他看；他說人民公社好，鄉政府、生產隊就報每畝產量十萬斤糧，王任重（江蘇省省長）就把麥子堆到一塊地裡裝豐田。他一有了個人崇拜思想，國民黨變節將領張治中就遛須拍馬，建議毛坐敞篷車讓人民群眾朝拜，說他太顧慮個人崇拜思想了。大家發現沒有，毛澤東越想有為，越是出錯。這錯誤經過社會發酵，會惡性膨脹，問題在，他被權欲迷昏了頭，權力把他的心智腐敗成邪。他已經沒有興趣深思老子的"不上賢、民不亂"的道理，不在乎民亂會使他的罪孽加重到深淵。到後來，一步一個錯。為了自己的的威權，遭災的是國家和人民。

　　作為一家之主、一國之君，輕易有欲有為，在官場上顯擺自己的心思和惡好，這是無為而治所最忌諱的。

　　為什麼不能隨隨便便供個德、膚膚淺淺的有為呢？這就是老子在前兩節裡說的哲理：道非常道，道有定數。人世間的常道，十有八九是有欲的，無欲之常道，能成為道者，非經過九九八十一回的討論，而不是用強制、用威權來製造的。凡是不准別人討論的，十之有十是假貨。

　　人無為是不可能的。老子的無為是無為而治，勸執政者不要主觀得很，不要妄自菲薄，剛愎自用，不要格式他人，

80

並用暴力橫加干涉。老子的無為思想是說：輕率有為，還不如無為。無為而治自有其道；要信任自由，信任自然向上。

"**不貴難得之貨，使民不為盜**"，有的解釋為"不珍愛難得的財物，導使老百姓不去偷竊"，也很勉強。老子的這幾句話都是沖著"而治"問題而來的，所以我們的思路應該朝這條路子走去：作為一個君王，有什麼難得的民之貨值得他珍惜的呢？在君主的眼裡還有難得之貨？莫非絕世美女？老百姓會去爭搶？就算這話作君王玩物喪志理解，民怎麼會去爭去搶？不通。我覺得這解釋很可笑，老子會如此庸俗？這貨肯定不作財寶和珍物。

貨，思想、意識也可以叫做貨，入黨、做官，都可看成入流的貨。珍貴，欣賞也；偷盜，不擇手段也。這話貫通了來講，就是統治者把有些貨當作社會的褒揚，人民就會不擇手段的去進取。政府一提攜，就是珍貴難得的貨。這貨，意思所指，投其所好也。前面"大煉鋼鐵"、"人民公社"就會變成人們爭搶的難得之貨。這種貨在我們這個社會中多得舉不勝舉。只要當局手裡拿著青草晃搖，指哪裡羊兒跑哪裡。

"**不見可欲，使民不亂。是以聖人之治也。**"如果統治者不拿這些虛榮蠱惑人們，老百姓就不會鬼迷心竅。當局不用手中的青草來作聽話的褒獎，就斷了羊兒的私欲。點穿了講，這就是統治者的把戲、孔子說的"德"。就像文化大革命中的"階級鬥爭為綱"，如不上這種"賢"，就不會兒子鬥老子、學生鬥老師。"是以聖人之治也"，這話前面已有解釋，這裡再來點解釋吧。如果統治者懂得這些道理而採取不作爲，"不上賢"，不用青草來誘惑羊兒，聖人也，是個好領導。

"虛其心，實其腹，弱其志，強其骨，恒使民無知、無欲也。"、"使夫知不敢、弗為而已，則無不治矣。" 這兩句確實不好解釋。如解釋爲其他文章裡所解釋的："聖人的治理原則是：排空百姓的心機，填飽百姓的肚腹，減弱百姓的競爭意圖，增強百姓的筋骨體魄，經常使老百姓沒有智巧，沒有欲望。致使那些有才智的人也不敢妄為造事。聖人按照'無為'的原則去做，辦事順應自然，那麼，天才就不會不太平了。"這樣的解釋有點噁心。如老子的話真是這噁心樣，那老子也太差勁了，暴露了老子的愚民封建的一面，只爲國家有鞏固的統治著想，爲封建統治效力，這是那代人的時代局限性。很難相信老子會寫出這樣噁心的智慧。這種民心、民族精神看似太平，其實弱不禁風、脆不可擊。這完全是一個皇帝養一國的家畜麼。

我們看這一句："……**恒使民無知、無欲也。**"如老子前面那些字是爲了讓民無知，那無知的最後，是爲了讓民無欲，無欲是最終目的要無欲最主要的是不能亂上賢，既所謂的"使民無知"。要民不要趨之若鶩、民不亂。這才是老子所圖的結果，這"使民無知"也不一定像我們所理解的，問題是無知什麼？實際上這無知的內容他已在上面有了交代。就是別把統治者上的"聖""賢"當知當智，這種聖賢知智只能使人民有欲。老子要民無知是要統治者讓民杜絕這種知智。

總之，作爲一位領袖，要智化人民，人民智能了、團結了、強筋強志了，才是真正的英明偉大。如上的是假聖、假賢，那他的英明偉大也是假的。

所以這話有另一種解釋：作爲一個聖賢的領導者、執政者、統治者無爲而治，不要用那些噱頭來充塞人民的心，這叫虛其心；重要的是要讓他們吃飽穿暖、豐衣足食。不要用那些所謂的"上賢"、"雷峰精神"、"共產主義風格"壯其志，這樣他們的身心才會健壯、筋骨如牛。長而久之沒有誘惑，也就少了許多私欲。一個沒有病害的民族會不強大嗎？

"使夫知不敢"，這夫是不是外邦或外邦人呢？前面出現的都是民字，這末尾突然冒出一個夫字，我看這個夫更像指的外邦，整句指的是外邦四鄰不敢輕舉妄動的意思。

這全節的最後一句：**"則無不治矣"**。

內無禍害，外無隱患，智而不露，無爲而治，這天下且只是達到太平這檔水準而已？

老子的無爲而治思想的唯一弱點是有點理想主義了。

黃土地上的布穀聲（系列一）

國家與愛國

(一)

在人類社會裡，事物和其概念往往存在著應然與實然不調和的兩面。其概念是應然屬性，要求事物理應那樣；但被稱為這概念的事物卻是實俗那個樣。也就是說這事物實然情況並不符合概念的要求，概念只是它的物類族性名而已。於是可以這麼說，概念只是所稱物的"理應"，是我們的願望、心想；實然才是該物。該物的實情並不像概念，可我們往往把概念當作"事實"、當作該物。這樣，在我們的習慣中，出現的是由應然的概念製作成的"事物"。這好像一張名片給了一個冒牌貨用。於是出現了實然事物當了名片裡的冒牌貨。事物與概念一真一假，兩張面孔，享用著一個共同名字，一個名字兩種狀況。簡而言之：最後造成應然的概念，實然的表現。應然如同樣本，實然是成品。

在談國家這一事物之前，必須先懂得點後哲學裡的現代熱門的語言學、語理分析。我在其他文章裡就奉勸大家，要認識世界、改造世界，人先得認識自己、認識自己的智力和語言。也就是，說起來人類是個高級動物，智力、語言超群，於是給我們的錯覺是我們的智力和語言是超能的，根本不會去探究我們的智力尤其是語言有如此嚴重的差欠。恰恰是這種自信讓我們懵裡懵懂的還自以為是、爭論不清。我們的智

85

力和語言是有非常大的缺陷的。智力缺陷叫智力欠遜，語言缺陷叫語言陷阱或語害。

就拿國家這個概念，意思指的是國，但在中國的文字裡，偏偏往往要兩個字拼湊起來成為詞、成為名稱，事物或意思用辭得兩個字以上。"國"一定要綁上個"家"組成詞才能表示國，成了國的名稱。於是中國民族國與家授受不親、意思互串。長之以久，造成中國人"國就是家"的心理，統治者動不動就用國家、愛國來鞭策其人民，其中的原因就是國的名稱中、意思中有個家字。這給中國人造成很重的奴性壓力。其實，在實然中，國與家是統治與被統治的對立關係。對外或許有一致的利益，但在內是強制與服從（英國哲學家伯林語）、管控與奴役、剝削與被剝削的關係。但中國人偏偏喜歡把這兩個字綁在一起指認國、作國的名稱，名稱又成了概念，概念又促成了心理。從而埋下了奴從和盲目愛國的禍根，也起到了統治者有種種利用甚至要脅的作用。對統治者來說，國是他們的，家是他們的，"率土之濱，莫非王土；普天之下，莫非王臣"。他們自然喜歡把國與家綁在一起；但對百姓來講，國與家完全不同。外國就沒有這種情況，在英文中，國是 country，家就是 family。國與家並無捆綁，在名稱上毫無瓜葛，意思也毫無瓜葛。也許外國人的意志、思想比較獨立於他們的語言也有關係。

概念是我們語言中的重中之重。要釐清我們人的囧事，事物的概念得重新認識。概念有三層意思。一種是字面本身的，是種科技用詞，中性的。一種是實然，也就是所指實物及其事實。另一種是應然的，也就是事物應該像我們想像（願望）的意境那樣。每個概念、每個詞都有這三層意思。因為概念可所指有三，我們人在應用中出於卑劣，在概念三種意思中顛三倒四。然後編成句子，表達成自己想要的語義。和事實面目全非，繼而又辯證出悖論，長而久之，形成傳統，出現指號效應（莫里斯語）。國家這個概念就存在著應然的概念、實然的事實問題。從而殃及愛國這個概念，“國家與愛國”就存在著我們智力不足的問題。（以下所文，國仍以國家稱呼。）

　　人人都高喊熱愛國家，高舉愛國主義旗幟，沒人敢說不字。熱愛國家是每個孩子對母親的一份孝敬，它的正義性毋庸置疑，根本意識不到這個詞裡的國和家有區別，怎樣區別。一提起愛國，全世界的人個個都古道熱腸、熱血沸騰。“國家”二字比上帝還親，比爹媽還親。沒有哪個腦子懷疑，正是這個“國家”造成了人類五千年的不幸，個人不幸、民族不幸、世界不幸。誰也想不到國家是人類不幸的締結者，沒有一個詞有國家身上的問題那麼多。它製造了權力，分隔了人類。這就是國家這概念所患的分裂症——應實然不同症。這應然一面的國家，概念表示是祖國、家園，一方人民的棲生地。這實然一面的國家，事物成了統治，成了權力、政府，成了廣義的 "王朝"。但我們頭腦發熱不減。不管偉人、聖人、哲人或是老百姓，都得愛國，愛國天經地義，義不容辭。上天入地都是真理。

除了上面的應然實然的思維方式外，我們還應該具備自然態與自然法的知識，從自然態與自然法的角度去解讀、認知、智對世上的事物。從以上的方法來解讀國家，國家概念有三用，分理應、字面和實俗。理應是自然法的，實俗是自然態的，還有一種是字面的。不僅是國家這個詞，政治上許多個這樣的術語，許多個這樣的概念，都是應然的概念，實然的表現。在我們的意識裡都存在著理應與實俗的混淆問題。

國家這個事物就存在著應然與實然、自然法與自然態以及三字面的三種特性。字面上理解，國就像家。

人性中有些表現是本原的，動物性的，不是成了人就泯滅得了的，動物的爭利、群居現象也存在於人類，人的這種習性看來比螞蟻、蜜蜂、猴子、豺狼、獅子還突出。財富、資源、地域、勢力，這些事物成了人類的爭搶，國家就這麼爭搶出來了。並把它說成家園。究竟家園該是什麼概念，怎樣的狀況才是家園，人們根本沒怎麼多想，一頭霧水。人類在國家問題上的演進最能體現動物性。只是這動物性多了一種表現，那就是人類有了奇特的文字，會花言巧語。爲了對外，國家被說成家園；然而內鬥（ "清洗、鎮壓、迫害" ）

起來，冷酷程度一點也不比外侮的差，那有家的溫暖與親切？面對同樣的內辱外侮，統治者又發明"內政"、"家務事"、"階級敵人"、"傳統"、"特色"、"多元"這些詞來掩飾。特別是內殘時根本不講"親緣關係"，和外侮的不幸一樣，充滿了血與淚。如果遇上內亂，國家必輕卸外、狠狠的"安"內。

國家是上面這些情況的必然產物，這種實際情況叫實然或實俗。它是自然態的，談不上是理應的"自然法"狀況，國並不像家。中國的事物概念是兩個字合併的，國變成了國家，給統治者和老百姓的腦子裡烙卜了國就是家，以後又變成了現統治就是國家。可能國外的語言不是兩個字合併的，國就是國，家就是家，所以不帶欺騙性。

國家（應該是國）的科技名涵義：人的足跡普及世界，世界這麼大，人數這麼多，就算大家的目標一致，從運行、管理及發展的必然需要出發，或按自願結合的原則，也會進行規劃與劃分。形成的格局就是"國家"。分分合合是宇宙的規律，國家的形成有點宇宙味道。大宇宙、星系、恒星、行星、衛星。然後一個星球又會形成洲、國家、省……國家是人類世界運行必然劃分的單元。國家又設了州、省、縣、村。為了操作和管理，還得分部、局、科、直到一個個基層單位。這就是世界中的國家形成的自然原因。這樣的國家形成機制和職能性質，既是自然規律又是科學模式。國家是世界運行的一級單元。從這個"道"形成了國家概念中的一面，也就是科技的，也可以說是應然的、自然法的。

然由於人性，你爭我奪，發生侵略和戰爭，國家這個概念發生了變化，在人們的頭腦裡，國家這個概念給我們最大的意識是：抵禦外侮。然後又轉變成國家是祖國，是母親。概念的另一面：國家的現統治，它同樣給我們帶來內侮、掠奪和悲慘。人們在權力的威望調教下，在莎翁的名言"趨利避害"的人性驅動下，早把這個對付自己的國家（應該是國而不是家）的實然一面，忘得一乾二淨。

最後，國這概念，在國際上就成了應然的國家概念：即具有捍衛自己的人群命運的理念：抵禦外敵，並進行管理和發展美好的生活。而它的實然一面：就是擺在我們面前的歷史和現狀，掠奪他國或**維護現有的統治，實行暴政和腐敗**，在無奈中被"國就是家"的糊塗概念所指號。可見中國的"國家"這詞，充滿了稀裡糊塗，埋藏著統治階級的政治欺騙性。

不管走向何方，暴力是最不可允許的。無論暴力來自於外侮還是內侮，爲了杜絕暴力的發生，國家必須生存在自然法中。不僅國家外部要文明；國家內部更要文明。

由此看來，我們對國的理解，不但不能給中國概念國家所忽悠了。對現統治所替代的國家，不能光聽別人說；不該相信一個名字、一塊牌子、一個人、一個組織。我們對國家的認識，不僅要聽，更重要的是看。不僅要看信條，更要看信條的落實情況，即：要看法則、執行與保障三方面。最先進的法則是全人類共相的、它不分國籍。這就是人類應有的意識、普世意識、全球觀。全世界人民的應然的國家觀念不同於民族國家觀，我們最要識別的是假"國家與民族"的統治觀或政府觀。這便是普世的國家概念。對這樣的國家，身處其國的我們每一個人都應該傾注自己的關愛。但實際情況不是這樣，我們大談愛國、狂熱愛國，甚至以身殉國。但這裡的國家已置換成了實俗國家，即現政府。再談這種愛國便是盲目愛國、奴性愛國。

為了變民為奴，強化奴役，維護特權統治。世界上不斷有理論來強化國家的統治，也有無數個理論是宣揚愛國的。

有的理論是直接為現政府效力的，如這一段言論："國家是階級社會的產物，國家的實質表現是為統治地位的階級對整個社會實行統治的。因此，是統治階級實現統治的工具。國家一經建立，統治階級勢必要隨之建立起適應於自身利益要求的政權組織形式和相應的國家結構。"（摘自《當代西方國家政治制度》著者唐曉、王為、王春英）。

有的理論是間接為現政府效力的，這些理論把國家打扮成代表人民的權威，讓權力的合法性做強，然後在這個框架下濫用權力。自詡為"為無產階級勞苦大眾利益"（階級主義）、"爲大多數人的福利"（功利主義）、"爲正義的政治，公正的自由"（羅爾斯主義），這些主張，利用人們智力的短板，把宣傳廣告變成"事實真相"，完成了一次詭異的轉身，於是統治階級合法化了。這些理論和所有的獨裁者都非常合拍，獨裁者都喜歡打這些牌，掛這些招牌。叫得越響，越獨裁。

代表人民並不輕而易舉，這是世界性的難題。權力在任何組織內都是塔形的，但同是塔形，這塔形是怎麼疊起來的很有講究，有的塔形乾脆就是用機槍架起來的，如"槍桿子裡面出政權"。權力就像貓，沒有不偷腥的。所以我們要牢牢記住以下的話，讓這些話時時響在我們的耳邊，同時也響在統治者的耳邊：

"沒有人可以以人民的名義說話， 沒有任何政府或政府的某個機構，可以宣稱自己是'人民的真正代表'。但歷史上、現時代中，還是到處有人厚顏無恥宣稱自己'代表'無產階級、'代表'勞苦大眾'代表'了人民，人民只有在他'領導'下…其險惡實質是以人民的名義控制權力，實行無制約的統治的國家。"

"'主權歸屬於人民'是一個具有意識形態煽動性、卻難以去制約它的危險信念，所以立憲者要特加防範。美國的份權與制衡憲政原理的提出，首先就是為制約自稱是"民意"的體現的人、黨派和主義。"

"民主是否，在於程式或構式，分權與制衡決策靠無休止的討價還階而做出，從而使各個積極的群體，都可以在決策過程的某個階段，有效地表達自己的意見，就是民主。"

然後，貓兒還是會偷醒。

為什麼扯上這些老話呢？就是因為貓兒還是會偷醒。世界人民不要求人民真正全登上權力的舞臺，但世界人民更忌諱拿"代表人民"的話來掩飾極權的本質，我們只能做到權力舞臺不能讓一個人、一個集團、一個黨獨佔了去，這個舞臺，得讓制度、法規來佔據。只有這樣，才能使我們安心地去愛國。

（二）

人類的歷史，國家的理念早已走向實俗。

然後人們"王黃不分"，國家對每個人都是神聖的。國家便是祖國，祖國就是母親。其實不然，國家與祖國是有區別的。是理念與現實的混惑，是埋應與實俗的混淆，是人類語言中的概念陷阱，是種語害。對付人民的時候，祖國變成了兇悍的國家；要人民捍衛國家時，國家又變成了祖國。祖國是沒國旗的，有了國旗的是國家，成了一方疆土的是政府。應然裡的國家是原汁原味的，歷史上的國家是實俗了的，其味道五味雜陳。因此祖國不等於實然裡的國家、現政府。現統治者才等於現國家。我們永遠愛祖國，但如果國家腐敗黑暗，我們得咒詛。我們咒罵的是現政府。而不是咒罵我們的祖國。

許多哲學家指出：以往的憲法學裡充斥著“人民”、“國家”、“民族”、“社會”、“集體”這些整體的概念，忽視了它帶有的虛幻的形而上學幽靈.。這些代表公共利益的標牌是法律中常見的、管用的，同時也是經常被濫用的一個術語。由於極具抽象性，臺灣學者陳新民稱之為羅生門式的概念。

祖國代表不了什麼，是抽象體，不存在人為操控形影。“愛國，愛國”，腦子裡是祖國，不覺中和現時之國家混為一談。在政治領域裡人們的腦子最會發生類似的短路。這種短路的高發區還存在於哲學領域。如唯心與唯物問題上、以及自然態與自然法的問題上。都是挺原則的。現實中到處都存在著哲學，我們必須得懂應然與實然間的學問，就像我們購物，光看廣告是不夠的，得實地瞭解。

我們非常容易相信領袖以及偉人的話，分不清應然與實然。漂亮話、漂亮詞玩的是理想主義，它不等於實際所為。這些政治老千嘴上掛著理想主義，手上幹的是實用主義、他們個個都是功利主義大師，他們信口開河，常開空頭支票。

在國家問題上，由於人腦易發生短路，國家變成了祖國。人民陶醉在“解放”、“新社會”、“人民當家作主”

這些蜜一樣的新詞裡，用六百萬條生命取得了解放戰爭的勝利，換來了解放；又人為餓死四千多萬人的代價換來了 "新社會"；再用四千多萬人做了政治運動的冤鬼換來了 "人民當家作主"。大家就是這樣稀裡糊塗地為了國家，並愛國上去的。

國家是森林裡野生的菌菇，很多菌菇是有毒的。既然國家的概念如此，如果自己的國家豺狼不如，國內暗無天日，你還會愛國、愛國的，像叫親爹親媽那樣的叫嗎？

再從國際方面考慮，從實然的一面來講，國家更是人的非理性的產物。國家是種族、宗教、主義、民族主義、種族主義、群體主義的變種。國際上國家的品味、國家與國家的交往和磨擦還不如人際關係呢！國家林立，如同軍閥割據，形成了人間政治的 "百慕大三角"。侵略是國家，捍衛是國家，互相勾結是國家，出賣原則是國家，損人利己是國家，有奶是娘是國家，是人又是鬼的是國家⋯⋯

國家的起源，眾說紛紜。有人類需要學說，有社會分工學說，有人類本性學說，有共同的契約學說。這些學說都從善意表達了國家起源。但事與願違，人算不如天數，國家的形成並不那麼簡單。以上解說多般是從願想的應然角度來定位國家概念的，實然情況國家是人類的社會人性的表現，是人群強弱、分化、擴張、附庸造成的。是世界不可避免的單元與勢力的混合物。人是政治動物，國家是牧欄。

不可否認，私利是人類最大的人性，在特定的環境下更是如此。於是從強弱、私利、分化，走向附庸、結集，再走向高級動物人的權力和統治。統治就會像獅子那樣撒尿圈地，再經過幾場比拼搏殺。地域、人群由小到大，充滿了有形和無形的征服與俯首、蠶食式地擴大，胎生了國家。這就是實俗國家形成實情。國家多了就打起來。爲了這樣的牧欄，人們喊著各自國家，甚至自己的政府萬歲。喊著各自獨裁者萬歲，倒把祖國萬歲叫忘了。

（三）

我們翻翻國家“可愛”的帳本。

隨便翻開世界史哪一頁、哪一世紀，國與國之際不是你打我就是我打你。沒有打起來的，不是因爲國家太小，就是天運不濟，不是因爲力氣太小，就是沒有出現偉大的戰爭瘋子。到了西元後的中世紀更是侵略成性，國家成了強盜。國家因這些名帝而光榮：如馬其頓的亞力山大；法蘭克的查理曼；奧斯曼的蘇萊曼；法蘭西的拿破崙；蒙古的成吉思汗；日爾曼的弗裡德里……

到了近代史掠奪成了國家的時髦。國家成了帝國，在北美、非洲、澳洲、東南亞以至在中國大顯身手。還彼此大打出手，許多國家淪爲殖民地，有些國家當上了法西斯。

翻來覆去，國家生了又滅，滅了又生，打出一片新天地來沒有？打來打去，勝也罷敗也罷，國家性質不變，社會性質不變。要知道這些戰爭都是以國家名義開戰的。多少"愛國者" 跟在戰爭的屁股後面喊愛國。以身殉職，視死如歸。

從國家權位繼承來看，更是禽獸不如。誰打下天下，天下就是誰的。"打天下坐天下"、"槍桿子裡面出政權"成了至理名言。這種現象，在動物界，除了人就只有狼群是這樣的。哪個黨派勝出，國家就是哪個黨派的，城王旗永不下落，哪怕他或他們的下一代是白癡、流氓或偽君子，也是一國之主。"率土之濱，莫非王土。" "普天之下，莫非王臣"。

有句老話，叫圈地為王。各國的老百姓是怎麼被圈進自家的欄籬裡真是有口說不清，至於這欄籬裡有什麼契約學說哪見蹤影。欄籬裡髒不髒、亂不亂、臭不臭，由不得你不忍、由不得你說、由不得你蹦。說出來了叫異端分子，蹦起來了叫反革命。這是國家的一種令我們沮喪的造化。

在各種條件的欄圈裡生活了祖祖輩輩後，就形成了形形色色的民族特色。由於愛國主義思想作怪，沒有哪國不為自己國家的傳統文化和民族性自傲的。乾淨些的、"窗戶房門"常開的，裡面的臭氣怪味就少許。至於那些夜郎自大、閉門造車、門窗緊鎖的自以為文明古國，欄圈裡的幾千年的燦爛文化發了黴，變了腐還渾然不知，黴臭沖天也自聞不出！還自詡為歷史悠久、新特色。讓籬笆內的人民吃盡苦頭，這就是國家這塊牌子的利害。

　　實俗中，國家是自然狀態的產物，它出生在人之初，長在非理性上。國家是集權的搖籃，強權的滋生地！奴隸社會、封建社會、社會主義社會、資本主義之初無不浸透了強權專治，演出的是幾家歡笑幾家愁的一幕幕人間慘劇、但丁的地獄；演出的是統治階層窮奢極侈、榮華富貴的快活。而為之抗爭的人民、志士、先智都被當作叛逆、亂國賊子遭到鎮壓戕害。這種種的不幸就是國家生產出來的，多可狠的國家傑作！

　　人們組成國家，國家蛆生強權，強權殘害人民，人民高喊愛國。

（四）

　　更可狠的是國家對外做堂而皇之的廣告，掛羊頭賣狗肉。像北朝，謂之“共和國”或“人民國家”，對內進行真相打包，精心打造後再外賣。就象中國婦女從前裹小腳那樣，把自己國內統治狀況、人權狀況，貼上國家二字的照牌，包裹得嚴嚴實實。不讓人知道，不讓人議論，更不讓人干涉，還振振有詞的說這是“國家內政”！國內老百姓手又無寸鐵、又言論不得，現在還到處掛著攝像頭。國與國又不便干涉，黑暗何時了？這就是國家的妙用。打包得越嚴嚴實實就越臭，越臭越打包得嚴嚴實實。

　　國際上長期以來國家是至尊，說得直白點是軍閥割據。

各自爲政，各行其道。國家打造不同的政治，不同的政治打造不同的文明；不同的文明打造不同的人格；不同的人格打造不同的社會；不同的社會體制打造不同的人格，形成惡性循環。有什麼樣的國家制度就有什麼樣的人格特徵。專制政治打造的是主奴性格。

我們的國家，封建主義專治了三千多年，在孔孟的儒教裡存活了兩千多年。從來不曾從桎梏裡探出頭來呼吸一下新鮮空氣，主奴性格根深蒂固。如今又爲新理念、絕對理念所困，穿上寓言《皇帝新衣》裡的黃馬褂。如"解放區的天是明朗的天"、"新民主主義"、"統一戰線"、"爲人民服務"、"社會主義"、"共產主義"、"新中國""紅太陽"，被這些廣告忽悠得頭頭轉，今天"大鳴大放、百家爭鳴、百花齊放"，明天就"引蛇出洞"，成了大毒草、反動學術權威。反右鬥爭、思想改造、反右傾等等，運動一浪高一浪。動輒資產階級、小資產階級，把本來已實足奴才的國人打造成了囚徒。被那個年代的階級鬥爭一折騰，再加上文化大革命的摧殘、六四天安門廣場上機關槍坦克的一頓猛掃，國民的膽早就嚇破了，靈魂也從此出了竅，神州大地多的是行屍走肉。如今虎爲患、蠅如蝗，換了一個正直點年青的主子，不得不打老虎、拍蒼蠅，忙得不亦樂乎。唏噓，早知今天，侮不當初……一朝天下兩代人，前赴後繼仍一家。

　　前二三十年的開放，倒把毛澤東時代掖著、藏著的特權得到肆無忌憚的釋放。貪污腐敗、強取豪奪、窮奢極侈、徇私枉法、陰陽臉、蛇蠍心都開放出來了。這錯不能只算在一個人兩個人身上，這錯誤是必然的，其根子在政體兩個字。

　　不要說，還真有不少學者專家歌頌前幾年的腐敗經濟模式。最近有個叫張維為的復旦大學教授在網上視頻上大講他的"比較論"。這比較兩個字，可比較的範圍太廣了、可比的東西多得去，得看比較哪方面，在哪個層面上比較。他的那點比較內容能說明深層的意義嗎？他的那點比較有非常高的個人色彩。這個詞是個漿糊詞。他的話充滿了漿糊與語害。教授要拿出點本事濛濛老百姓是小菜一碟。我們就在這個層面上談"比較論"：建起了這麼多的高樓大廈，高速公路縱橫。該怎麼看這種膚淺的理論呢？這是"無利不起早"的話起的作用，是腐敗造成有巨大的利益所致。這不叫富貴險中求，這叫"悶聲大發財，大撈國爛財"。是重"賞"之下必有"猛夫"的歪著作用。這不能證明前兩年的那個腐敗、腐敗的程度有什麼道理和優越；不能說明非要腐敗到這種地步才能發展經濟；不說明腐敗到了空前絕後地步，還用罪惡的維穩是合理的。這些學者的智力經常會拽這樣的跟鬥。貪婪是個無底洞，貪婪必殘暴，這腐敗經濟的後遺症及產生的社會矛盾是難以估量的，道義上更是人類所不齒的，這不等於說今天能站在舞臺上作這樣的演講是光榮的。這個張教授還有個毛病，自以爲是結果，想用結果來說服人，用還只能算眼前的結果來充當今後會到來的結果。

掀開這塊前二、三十年的遮臭布：上層是貪得無厭、日進鬥金、無法無天、專橫跋扈、裝神弄鬼，坑埋黎民；下層是忍從馴順、奴顏怯色、苟且偷安、無脊無骨；中間是諂上欺下、唯錢是瞻、爲虎作倀、助紂爲虐，上行下效。真是循了孔孟教誨：主奴天命，各取所其。還被詼諧的說成"和諧"社會。

<h2 style="text-align:center">(五)</h2>

如今香港也被趕進這國家的臭欄圈裡，被說成回歸，是回到祖國母親的懷抱裡，多幸福啊。多美妙的感言呀，不但激動了 16 億全中國人民，並使外國人在這漂亮的人話面前啞口無聲。這句話充滿了虛僞和無數個質疑。這個例子非常清楚能說明回歸的性質。從這回歸的性質，反過來明白國家與祖國的區別。這回歸兩個字，充滿著應然與實然的學問。也就是下面說的漂亮的應然下的又冷又黑的實然。

說起來香港是塊殖民地，卻成了世界上最無拘無束的人類栖息地。港民意志自由慣了，尊嚴也強。回歸兩字耐人尋味，我們拋開殖民地、回歸祖國這些門面詞，實際上是要香港從這個天地走向另一個天地，走向一個空氣嚴重污染的天地。香港的明天令人堪憂。

香港像個孩子，要被領回家，但這個家現在是被一夥竊賊佔據著，一位可怕的一國之長，香港並不是他的孩子，只是同祖。因爲國家兩字，香港這個孩子只能認賊作父，這真是不可思議又匪夷所思。香港這孩子在優越的政治環境中生活慣了，如今被這樣一位似是而非的家長領回去，而且是合法的領回去，等著孩子的不是家法而是少有的封建專制國法，以後等著這孩子的日子夠他受的。從今以後他不習慣也會被習慣。"妙不可言"的是這孩子沒有選擇權、發言權。由著"大人們"做遊戲。真說不出這是人類哪門子規定。

說是回歸，實是請君入國家的懷抱之甕，先用"回歸國家、一國兩制"這些佐料醃制一下，這以後便一根一根的撥羽毛。"一國兩治、港人治港"真在被抽絲剝繭，港民的尊嚴開始上交，香港的獨立人格就將消弭殆盡。本來講好"一國兩制"五十年不變，還沒等這篇文章發表，兩年不到，這話就去見馬克思了。我的文章只得改寫，由祝福改爲祈禱。

香港回歸便是無奈之舉，是國家二字造成的不幸！回歸理應的國家——祖國無可爭議，但實際歸屬了一個現政府，歸屬了一個專橫跋扈的統治。

（六）

如果你是這個國家的子民，你就不能講別國好話。如果你是這個國家的草根就不能揭自國的爛瘡。以前說一句都不行，現在悄悄地能說兩句，公開的還是不能說。總之說當局的不是，非常危險，會被黃牌警告，說多了直接紅牌"罰下"。到處都是維權文痞、衙內打手、政府"兵馬俑"。

國家與愛國問題，對軍隊來說尤為重要。在軍隊的靈魂裡，國家就是現存政府，就是士兵們為之服役的當今自然狀態的國家。十足的世俗國家理念。軍隊對自然法裡的國家的理應概念十分淡泊，他們不能甄別效忠祖國與孝忠國家的區別，區分效忠自然法中的國家和憲政，與孝忠自然態中的國家統治的不同。

要把軍隊的政治文明教育提到"世界國會"的議程上來！服從是軍人的天責沒有錯，但有一條例外，槍口不能對準人民！口說無憑，得寫在國法上，讓人民和軍人心中有底、有依據。誰動用軍隊鎮壓平民，誰就是罪人，就得馬上下臺。軍隊早把是誰養活了他們的問題忘得一乾二淨。國際上要有個組織敢於對各國軍隊的人民性打分。

從廣義來講，國家是人類社會必然產物，是必不可少的區域組建實體，就像宇宙是有星球形成的一樣，個體是整體的基礎。整個世界這麼大，操行起來決不可能一古腦兒為整個，要操控必劃分。國家是單元，形成的整體便是全人類。同理，國家也要劃分，劃分成更小的如州、省、縣、市、甚至一個個系統與單位。這就是廣義的科學的國家理念。由此可見，國家要服從世界，要尊重世界，就像一個國家的州和

103

縣服從國家。要以人類理智的、科學的、最文明的自然法為準繩。

當然國家是個很高端的個體，應該得到很大的尊重。同理，那它也要尊重它的個體——人民。它在世界那裡得到多少尊重，它也得給人民多少尊重。每個國家可以在世界上發揮自己的作用，美國發揮美國的，中國發揮中國的，西方發揮西方的，東方發揮東方的。讓作用和作用在世界設立的平臺上文明的交流與碰撞，要讓人民看著交流和碰撞的詳情，讓世界人民拭目以待。反過來這交流和碰撞又加速了世界文明的提升。這才是正確的國家理念。

人與人頭上沒有法律管束就會犯案，省與省沒有上面的中央看管就會衝突；那國與國的上面豈能沒有《聯合國》或《世界國會》？世界裡的國好比國裡的省，省上的國好比國上的世界。但國家在這幫俗子獨夫手裡成了神器，自己當上了軍閥。國家超越成至高無上的頂鼎，天不能管、地不能管，老子說了算。這樣一朝大權在手，他們就可一手遮天、桀敖不訓、獨夫九尊。

如今現有的《聯合國》也是勉為其難，權力有限。現代文明世界觀念正在崛起，國家的上面應該要有《聯合國》、《世界國會》之類的世界中心。國家不象話，《世界國會》執行五可：可討論，可譴責，可公告，可干涉，甚至可制裁。起碼要讓全世界的人都知道這些不仁不義的國家。政治家、外交家不敢講，就讓學術家來講。

這《世界國會》要高舉人類自然法，執人類最先進的科學的政法，集世界智慧之萃。不但要在和平、人道、環保、人權等方面起作用，還要在媒體、普選、教育這幾方面起一點或監督或啓蒙的作用，每一個國家要有《聯合國》或《世界國會》辦的一份報紙，一份報紙足矣！選舉時要派觀察員。

更重要的一項建議是《世界國會》要普及社會常識：即在每個國家的學校，有權開設每週一節文明知識普及課，講講什麼叫人性、公民、人權、憲法、自然態與自然法；人類的幾種政治制度；幾個偉大政治思想家的社會政治學說等等基礎常識；講講弗雷格、卡爾納普、維特根斯坦的語言學，莫里斯的語言指號學，伽達默爾的形而上學的反制以及應然與實然理念。好讓青年在應有的基礎上再去深研細學。這對世界人民一代一代的人性的健康成長大有裨益，對共識、勾通、理解、和平和改造自己的國家有巨大而長遠的意義。有了正確的社會政治理念，國與國的反差會縮小，人與人之間的共同語言會豐富。國家這兩個字就會變得可愛一點。

希望大家用我這篇文章裡"應然的面孔，實然的表現"的哲學理念來解讀我這篇文章中國家二字，但國家二字必竟有其特性和派用，千萬厘清理應（應然）與實俗（實然）中的錯亂。希望讀者能理解這裡的錯綜複雜。雖然人類有了語言和思維，但問題卻越來越說不清了，心思也越來越玄呼了。鑒於自然狀態中的實體國家有那麼多的流弊惡習，讓我們記住國家的頂頭上司是世界，讓我們昂首樹起世界觀念。

　　有一首歌唱得多麼好，"同住世界村…同是地球人…你我一家人"。一首奧運之歌。

人民與專政

人民專政往往調了個頭，變成專政人民，

這就是我們的現實。

(一)

可記得安徒生的童話《皇帝的新裝》？

兩位騙子投這位皇帝的嗜好，裝成裁縫給皇帝做世上最華貴的衣服，既得了豐厚的工資，又騙取了許多金銀財寶，說是作衣料。最終做成一件透明衣，一件無衣勝有衣的世上最華美的衣裳。並有言在先，像是一張封口條，這衣服只有最有智慧最為高尚的人才看得見，而愚蠢無知之人是看不見的。於是滿朝文武百官都說看得見，並對這件衣裳讚不絕口，還暗自叫苦怎麼自己會看不見，可千萬不要露馬腳，讓人家發現我蠢得沒看見。就這樣皇帝穿著這件時尚寶貝招搖過市，發胖的皇帝一身贅肉。結果被夾道歡迎的看熱鬧的人群中一個天真的孩子叫了一聲："他什麼都沒穿！"接下來的收場可想而知。皇帝依然穿著這件新衣，這個小孩的叫聲被"和諧"了。兩個裁縫逍遙自在、花天酒地，肚子裡在暗笑這位好騙的皇帝。滿朝文武百官依然讚不絕口……

大家無論如何不會這麼想，寓言中的皇帝就是人民，而騙子恰恰是領導、統治者。鬼才相信騙子說的話：那些世上最華美的衣服，會愚蠢的人看不見，只有智慧的人才看得見。誰也不會相信世上真有這樣的衣服。但現實中偏偏到處都是這種華美衣服，卻無人置疑；誰也不相信這衣裳真用金銀財寶織成的，但現實中這些衣服真是金銀織成的。

作爲寓言故事，大家一清二楚。但事情輪到現實中，大家都成了自以爲是的木瓜，身處其中，卻渾然不知。一心算計著自己的小康。既便騙子騙去的金錢在銀行裡堆成了山，也不會把現實當成寓言。更有甚者還幫騙子騙老百姓。兜售、推銷這些華美而看不見的衣服。反把故事裡說真話的小孩當異己分子、民族敗類，還要把那小孩繩之以法。要不就裝聾作啞，只願自顧自地討生活。整個社會對國家的命運、民族的魂無動於衷……

我把毛澤東最喜歡掛在口上的人民專政這個詞中間，用"與"字隔開來，因爲世上根本不存在人民專政。只存在專政人民。

"人民專政"這個名稱就是"皇帝的新衣"。

"人民專政"怎麼就是那件"皇帝的新衣"？首先我們要搞懂人民這個詞的作用何在，創作這個詞是用來稱呼社會中的屬這種地位的人們，同時也反映出社會結構中統治的另一方。人民和統治者是一對共存詞。矛盾、對立是它們關係的本質。用這個詞就是爲了說明社會中和統治對立的一方。在統治者的瞎嚷嚷中（說人民這、人民那，都是對這詞的濫用，人民這個詞的本色完全沒了。），現在變成了統治者利用的詞，用得最離譜、最無恥的就是這句"人民專政"，騙子手中最華麗的"皇帝的新裝"。可以這麼理解，它是老百姓的社會地位別名。

網上有篇《人民是誰》的文章很有意思："一會兒說'人民的眼睛是雪亮的'；一會兒又說'人民不明真相'；說'雪亮'時一定是'廣大'，說'不明'時一定時'一小撮'；一會兒說'我是人民公僕'，一會兒說'我代表人民'；一會兒'代表人民感謝你'，一會兒'代表人民判處你死刑'；一會兒說'人民，只有人民，才是創造歷史的動力'、'人民萬歲'。一會兒說'利用了人民'、'矇騙了人民'。"把人民這詞顛來倒去，文中充滿了倜侃。

人民是權力作用的物件，沾不上權力一點邊；統治者才是權力的始作傭者，而且統治者決不可能給人民分權力一瓢匙，除非是民主社會。獨裁者怎麼可能讓人民來專政呢？如要人民來專政，專政的物件便是權力階層，要不人民專政自己？要人民來專政，就是講憲法，追求憲政。

"專政"這個詞是什麼意思？這是統治者用的詞，是指極權暴政的意思，是指社會制度不民主，統治專橫兇狠。是指權力由少數人、一個組織、一個團夥霸佔的意思。這勢必導致極權，一個人獨大，一個人說了數。所以這"政"必然走專走極。一個組織越強調"組織性"、"路線"、"站隊”，就越專制專權。這樣的組織和宗教差不多。

　　“人民專政”，顧名思義，政權由人民當家作主。且不說事實上權力能不能真在人民手裡，如真這樣，有權力了、能統治別人了，還叫人民嗎？權力是人民大眾的，就不存在“專”字了。只有少數人壟斷了權力才叫專。“人民專政”這個詞就是典型的詭語。從這個名稱的字裡就能看出“應然的概念與實然的情況不符”的問題。本來專政兩字是用來說封建式統治的，爲了欺騙人民，讓人民來專政，聽起來格外的動聽。讓人民當政還帶專字。這是政治家哄人民的。人民真能當政，就不叫專政，當政的人就不叫人民。這是件典型的不存在的華美衣服，誰也看不見。

　　歷史上只有希臘有過人民政治形式，但不成熟，其情還是不“人民”。它的方式方法跟我們現在的不一樣，它初級而粗糙。我們在設計中、實踐中的人民當政叫民主，因爲很難做好，所以得不斷地去修繕才行。當時他們（希臘）的政體有些做法有點真人民的味道，就是因爲很難，搞雜了，“人民”得太過了。

　　要政體真正體現臻於完善的人民性質並不容易，這是人類要探索的第一大事，也是人類第一大難事。歷史上希臘的人民政治形式只是個雛形，只能算摸著石頭過河，仍是走向人民政治自然法途中的自然態。實成氓民政治，結果把人類最偉大的哲學家蘇格拉底給“人民”死了。這不能說真正的完善的、明智的民主政治不好，而只能說希臘出現的早期民主政治有瑕疵，這瑕疵是民眾存在著嚴重的素質問題。當時的人民智慧水準不高，社會實踐太少，大眾智資還幼稚。存在著民眾被勢力操控，行式不夠民主，辯論不充分，不民眾化，媒體不發達，這裡面還有專制的痕跡等諸多問題。用自然態和法的原則來分析，民主政治是所有政治中最好的政治，這理念符合自然法。但希臘早期的民主政治雖屬民主，但是種初期雛形，並不完善，它仍是自然態階段。所以我們不能因希臘早期的自然態的民主政治，否定人類正在探索的自然法的民主政治（有關自然法自然態的論說我另有文章）。

至於以後現實歷史中出現的人民專政，都是假(借) 人民、真專政。所有的國家政府都掛這塊照牌，所有的專治者都把＂人民＂掛在嘴邊。越專治說得越甜，說得越甜越專治。現在世界上，還明掛著人民牌子的國家屈指可數，就兩三家。和安徒生童話故事不太同的是，在這樣的國家裡，千篇一律都是騙子們自己坐在龍椅上，那位傀儡＂皇帝＂卻靠邊站。騙子們躺在權力裡編織新衣，編織了許多＂新短褲＂、＂新背心＂、＂新長衫＂、＂新的黃馬褂＂。如＂解放＂、＂革命＂、＂東方紅，太陽升＂、＂人民當家作主＂、＂代表人民＂、＂新民主主義＂、＂三個代表＂、＂以人為本＂、＂科學觀＂、＂新特色＂……一件比一件華美，全是＂透明的＂，＂人民專政＂就是其中最漂亮的一件。哄得

"皇帝"團團轉，這位"皇帝"聽得如癡如醉，心甘情願的付代價、出"血本"。開始，騙子們的導師聲稱自己只拿區區四百元，卻走到哪都免費，享受皇上待遇級的。到後來他的徒子徒孫在世界各大銀行裡堆滿了騙來的金銀財寶，幾百代也吃不光、化不完，他們享盡人間的榮華富貴外，還偷、還搶，還亂花，到世界上去交"朋友"。他們個個像肚皮吸足了血的蚊子和臭蟲，搖身變成了驅魔降妖的神巫、國家元首、主席、書記、總統。個個紅光滿面，頭方腦滿，腰圓腸肥，而那位"新衣皇帝"面黃肌瘦、畏頭畏尾、目光呆滯，被騙子騎著還精神抖擻。

"人民"， 這可是個大命題呀！我對這個詞和這詞的實體充滿了強烈的複雜的悲憫，是悲中有憫、憫中有慈，慈中有怨、怨中有憎。我不相信博愛，這種沒有真切的愛之博，是忽略人性的假慈悲、真虛偽，只有"上帝"有這種愛。我可以證明上帝也沒有這種愛。這愛是一種自欺欺人的宣傳，是廣告。人們自私都來不及，怎麼去愛或可愛。這種教義作為理想可以，但要求也還是太高了。（後來才明白孫中山提倡博愛是要統治者在鎮壓人民時博愛點）。看看鬧哄哄的世界，看看中東，看看眼面前的中國，想想人類表現出來的人性，就知博愛這話是不是空中樓閣。君不見如今中國，地下是"紅豆水"，地上是"奶油渠"。河裡漂的是死豬，天上是霧霾，餐桌上是地溝油。今天爆出個房姐，明天抖出個表哥；揭不完的雷政富、李政富，數不完的裸官、二奶；這邊校長帶自己學校的小女生去開房，那邊編委主任強姦4歲的幼幼女；上海某法院的六位大法官不去兼公執法，倒用收賄來的贓款去集體嫖娼；一邊富士康廠裡兒女接連跳樓，一邊是裸官子女向外投奔；雷峰精神因政風腐糜，市場銷路跳水。國外也好不到哪裡去，名人政客醜聞不斷，百姓捲入內戰，峰火連天。

天下應了孔老夫子一句話："堯舜率天下以仁而民順之，桀紂率天下以暴而民順之"。世風進入黑暗，人性在迅速滑坡。愛從何而來？博從何時起？

電視臺還"煞費苦心"的尋求靈丹妙藥，民間哪有此方？這病在腦袋上（上層），你卻找治腳氣藥（下層）。真是難得糊塗呀！還到處拿著話筒讓人回答你幸福嗎？你覺得周邊的人可愛嗎？我自己可愛嗎？最可愛的是權力、金錢和小三。有了權力、金錢、"小三"才叫"幸福"。

真愛不是喊出來的，得人民這個實體的形象自己可愛了才行。對人民甜言蜜語的上色不是愛，灌的是迷魂湯，有弊無益，是為能坑蒙拐騙民眾下的套。狠鐵不成鋼的、苦口婆心的、在點撥民眾的，才是真愛。

對"人民"這個詞，我雖然"無愛"，因我們每個的人生幸福值與它息息相關，哪怕再恨再仇，也不會去傷害這個詞代表的實體，只會也只能去捍衛它，幫助它，祝福它。創造這個概念就是為了幫助權力中的這一方弱勢群體。我是人民的一份子，我的命運融進在這詞裡面，人民中有我，我中有人民，我能傷害它麼？我會傷害自己麼？傷害它等於傷害自己。**"讓每一個人都作為個人而受到尊重，才有人民的尊重"**。這是愛因斯坦說的。我懂，我很懂。這不是尊重一個人或大部分人、少數人或多數人的問題，以少數人與多數人來判真理是種偽應然（偽真理）。"讓每一個人都作為個人而受到尊重"，尊重的是實然情況裡的那份理！理不分一個人或大部分人，一個人的理也就是大家的理、全人類的理。

似乎沒人敢說人民的"壞話"，世上只有一個人厭惡民眾，那就是尼采。他厭惡的是民眾的品行，而不是作為社會頭銜的民眾。只有心術不正的人給這群體灌迷魂湯。我只給猛醒藥。有句俚語："罵是親、打是愛"。我揭疤是為了療傷。我不會討好人民這兩個字和實體，只有那安徒生童話裡的騙子裁縫才這麼幹，我情願做個一身清寒的醫生，懷裡揣的是顆濟世扶傷的心。

（二）

什麼叫人民，人中之民也。就是社會中最普遍最低層的群體，就是大眾、百姓、公民。是泱泱眾生，不是當官的。不是說官不是人民，人民可分官和民。但人民往往指的是民。而不是指官。如官不大，那他一半是官、一半是民。可

114

人民這個詞不在老百姓手中，老百姓只聽得見，卻摸不著，真所謂可望不可及。在現中國特色的實況中，由於無法勾通和交流阻隔，無處去言論和表達，人民的體現早已名存實亡。充滿中華大地的只有天花亂墜的漂亮話、唯唯諾諾的回聲、興高采烈的歌舞。沒有言論自由、集會自由、媒體歸民，人民哪來體現？無法體現的人民、或是被人盜用的人民，這術語便成了政治水貨。

　　體現人民的舉措有二，那就是憲政與言論自由。人權是人民的唯一資本。沒收了它，人民根本無法存在。人民的力量、作用乃至人民權利就捏在了當政者手裡。這詞是你我、或者他你，或者你們、他們、我們想代表就能體現得了的嗎？沒門！這個詞只有拿"話筒"的人才可去代表去體現，並把它當令旗號天下，這樣的人不叫人民而叫領導、統治者。這"話筒"會遞給你、我、他的手裡嗎？做夢！由於人性基因(這個科題我們以後再探研)在權力的腐蝕下，變當權者為騎在人民身上的長官，變人民為牛馬。"主子"是這個人民實體；家奴、狗才也是這個人民實體。這就是應然與實然。所以呀，"人民"這個詞是世界上最離奇、最不得要領的詞，成了"皇帝的新衣"。離奇在這個詞親自把瘟神扶上馬背，供上榮華富貴，同時又遞上了馬韁與馬鞭。而這詞代表的實體卻成了良駒，它是怎麼愚蠢馴順的，"人民"這個名義是怎麼輕而易舉地交上去的，是個迷，是個悲局。而一旦交出，回來就難了。在陰謀家手裡它變成了充滿自欺欺人的政治玩物，一件兇器。我恨不得把這個名字從《辭海》中滅了，寧可老百姓用不上，專政者也別想濫用。

在中國，"人民"這個詞在人民中根本不存在，在世界許多國家的人民中也不存在，這個詞要真正回到人民中談何容易。這可是要全世界努力去揭示、去探討的大課程，是要世界人民你幫我攜，由先進的理念引領下，再加先進的國家來真誠的幫困才行。要形成遼原之火、遍地開花之勢，這"人民"之詞才會回來。

"人民"這個詞是專權者最好強姦的，只要刷兩條標語，賜兩件"黃馬夾"，許一個口頭願，那怕賜件"皇上"的"新內褲"也行，就姦淫成了。被姦淫後，就會服服帖帖地去侍候中央到地方的層層黨員幹部。如毛澤東的"黃馬褂"、"新內褲"之類："人民的力量是偉大的""群眾的眼睛是雪亮的""人民翻身當了主人""為人民服務""紅衛兵萬歲"。於是這"故事裡的皇帝"就興高采烈地把"新內褲"穿上，把袖章腕上，像牲口那樣馴順。舉著"紅小本"狂叫"萬萬歲"、"萬壽無疆"，"誓死保衛毛主席，誓死保衛黨中央"。

以"革命的名義"、以"人民的名義"成了統治階級不可或缺的無價之寶，作惡多端，得心應手。而作為這個詞的實體也實在讓人失望，配合得默契激情，情投意合，咎由自

116

取。為什麼這"人民"兩字如此脆弱，這裡涉及到人性基因，是人性基因彙集成社會效應以及權力魔性的結果。

(三)

這篇文章也許不中聽，但不中聽的話聽少不得。關於人性即人性基因這問題很哲學，在我的一篇《而今說孟子》的文章裡已有分說，我極力反對孟子的"性善論"。因為這種理論引發的是自律的德政，執行"勸策略"，轉移人們憲制的目光，招安百姓，尊王役民。導致了我國二千多年的封建社會，遠遠的落後在西方文明之後。孔孟為什麼要力挺"性本善"？是為了堅守"修身立命治天下"。

為什要崇揚"三綱五常"？是為了效力天子；為什麼要推薦勸策略？是為了杜絕民主，杜絕憲制。這些封建理念是以封建社會作框架而設計的，這就是為什麼孔孟之道較適合封建社會而不適合現代社會理念的原因；它是按封建社會結構設計的佳作。

得出"性本善"的定理，這是不依事實為根據的，而是師出"理想主義"，是把人這個字美化後，再來認定實然的人。以堂皇的理想為誘餌的左論。以願想的應然開出藥箋，給人服"實然"的現行毒品。看來這種言左行右的手法是人類一大天性，與生俱來，看來左派不是共產黨才有的。這種思維方式的病症非常隱晦，欺騙性很強，人們很容易上當受

117

騙，蒙人於鼓裡。只有用哲學裡的道理才能識破。人類的這種劣根性至今沒有一點改掉。

有關人性善，人性惡，人性本分或如白紙一張的爭論由來已久。人性善與惡，決定于進化，受肘於環境。由於我們不能正視自己的人性，因爲"謙見盈、驕必損"的規律，如今的人性非常之糟糕。對其中的無奈，令人仰天長歎。

人性無非是牲加智慧，私利是牲中之要素。而智慧就是聰明，這兩者迭加不等於善，也不等於惡。生善生惡機會仍然依舊。但有了智慧，產生的是大善大惡。人類的進化一定是向善的，人性裡的惡也一定會拖善的後腿。因此人性社會裡的惡，永遠剷除不了。人類的歷史也真是這樣呈現的，但這不等於說不要剷除。這不是由人類的理想色彩的心想所能決定得了的。人性之善惡，早已天（自然界）定。它不是純豺狼虎豹的性，也不是純牛馬兔羊的性，人只是天下生物之一種。人之善惡，與他所處的環境大有影響，環境影響中以國家的政行作用最大，得看天下正邪之爭怎樣。孟子的政治主張嚴格來說是反動的，不真實是反動性裡面最根本一條。真理出自真相。這條自律的"安天下"之路是走不通的。因此，以理想爲誘餌的勸策略來抗衡制約權力的正義之路，就淪落成爲邪惡勢力的幫兇。

（四）

　　把人與生俱來的善惡階級格式化，再把人放進階級中，以階級來規劃表現、革命性，而不以具體的事實來定罪論善，這種巫師的巫術竟會風靡全球，人類的智力真大跌眼鏡。如今用階級學說來規範人性的時代已過去，僅管昨天講得轟轟烈烈、翻天覆地，為了貫徹階級鬥爭，陪葬了成十上萬個冤魂，把本來並不極端的階級的人格式化，鬥得天昏地暗，反而"階級鬥爭"四起。今天卻嘎然而止。換了張臉講和諧，階級論基本偃旗息鼓。社會矛盾依舊，一邊是統治者，一邊是人民。

　　"任何權力在它演變為不受任何力量約束的‘絕對權力’時，其內在的‘趨向腐敗’（tends to corrupt）則演變為絕對的無可避免的腐敗。換言之，任何一種權力，不管它以何種名義出現——是‘神授’的權力，還是‘人民賦予’的權力，也不管掌權者懷有何種美好的理想，只要它失去約束，就會由‘趨向腐敗’變為絕對的‘實在的’腐敗。"（炎黃春秋雜誌《權力腐敗論》作者張紹山教授）

　　人民的力量是偉大，但其中的人性基因有許多先天不足、不地道和不健康。要六根清靜談何容易！這就是人之牲！人民也只是偉岸而多瘡（病）。大家各種想法打算太多，伸出十指不一樣長，小人卑劣者不少。林子大了各種鳥都有，這便是我對人民這個詞和實體憎多愛少的原因所在。真要辦正義的事，靠不著它。你爲它好，它來壞你、害你。它才不以爲這是壞它自個兒事，還壞得特別起勁。想想文化大革命，人性表現得多麼充分。學生鬥教授，兒子批父母，妻子坑害丈夫或者丈夫坑害妻子……。人民只是統治者利用的一張得心應手的王牌。別說我只說人民的壞話，把人民說得這麼醜。前面那個寓言裡已有點到。這皇帝一身贅肉，我只不過叫了一聲皇帝沒穿衣服。

認清事實真相，要用現實主義；評判事實是非、用準則要用理想主義。也就是說，講認定真相，要實然；判定是非，要應然。（我有篇文章專門講應然與實然的哲學）

只要真實，說真話到天南地北都無罪。揭露者何罪之有？相反應功德無量呀！良藥苦口，忠言逆耳，知痛了才會改。談憲政，《權力腐敗論》爲先，愛人民，罵爲先。

（五）

人民是巨人，巨人力氣很大，病也忒多。這裡對人民的指責不只是我一人所爲，所言者充滿人間。胡適罵過、魯迅罵過、林語堂罵過……這人民正因爲毛病忒多，所以很容易被統治者利用，統治者常扯著“人民”這張虎皮當大旗，越是專治獨裁的國家越愛用人民這個詞。最出名的有前德國的希特勒、前蘇聯的史達林、還有中國的毛澤東。其實這些偉人並不愛惜人民，由於他們自大狂妄慣了，揮霍人民的生命慣了，他們的英明，了不起的本質是能把人民的生命不當命，而是敢於拿來當賭贏他霸業的資本！解放軍為什麼這麼能打仗，志願軍為什麼這麼不怕犧牲，紅衛兵這麼能橫掃一切牛鬼蛇神，因為他們不是命而是賭博的資本。人民只是這些魔頭知中的牌。

一個元首能掌控整國人民，這就是政治上的牛頓杠杠原理。這人民實在是重如泰山，輕如鴻毛！

驚人的相似，出奇的巧合，國內到處掛著人民的牌子，傳播著人民的廣告，無論在法西斯的德國或社會主義的蘇聯。偏偏都是世界上最沒人民味的國家。

這該責怪誰呢？病結在那？亂世出英雄，英雄造時世。出梟雄也罷，出英雄也罷，都是人民的愚蠢選擇，要怪還得怪人民自己，是一個一個人的素質造就了整個人民素質，造就了自己的主子，造就了民族，造就了自己的社會，造就了自己的國家。

你膽小你害怕，但你不要去討好、去打小報告、去買力、去害別人、害忠良。你牢騷不敢到臺上講，就在台下嘰咕幾句。對出賣良心的哈巴狗嗤之以鼻，白他兩眼不是蠻好嗎？最好"踢它兩腳"，吐幾口唾沫也行。"用靈魂的力量抵禦暴力"，這全能做到的，但卻做不到。不但做不到，都反其道而行之。魯訊的人血饅頭不是白寫出來的，至今真實。今天

仍有人拿饅頭醮"秋謹的血"，爲數還甚廣。這就是人類史
裡的人民！ 別以爲進化成了人形就十分高級了，在生物的
進化史上，今天的人還只是初具人形罷了！別以爲我們世界
中的國家、民族、主義、政黨、宗教神靈得很，這一切一切
的糾紛、邪惡都是從這些高高的煙囪裡冒出來的，世界難以
寧靜便是佐證進化遠無盡頭。我們千萬不可剛愎自用。從天
外看地球上芸芸眾生，還不過是一窩一窩的螞蟻，或一群一
群蜜蜂呢。

（六）

　　不明白也搞不懂我們國民的奴性和愚私會如此昌盛，歷
史上會出這麼多的漢奸佞種。這裡的漢奸二字是廣義的，不
是只指效忠日本皇軍的。探根朔源，出在孔孟身上，出在本
國的歷史上，出在自己的族秉民性上。兩千年來是國人自己
把孔孟的這塊料當國梁用。他們只是楠木柱子，造土坯房還
行，造高樓大廈就簡直不配。不是說孔孟學說有什麼不好，
文字有什麼不精妙，而正因爲文辭太精湛，且是中國集思想
精神大成的第一本"精裝"，所以被後世奉爲聖賢的必讀
書，不思去進化去超越！住慣了土坯房幾千年，自得其樂，
見都沒見、想都沒想到過外面的高樓大廈。腦子裡連影子也
沒有，怎會有這方面的知識、學問和超越？這"見不到、想
不到、不會做的毛病"就由孔孟之道沿襲了下來，該怎樣評
論儒學，就這句話。中國的儒家思想最大、最根本的缺點、

錯誤和毛病就在於此。其他優缺點可以免談。

不思進化超越是乎是我中華的命門，孔孟之道給我們布下了八卦陣！這麼說儒學吧，它是楠木柱子，是用來造天安門、北京的宮殿用的。而高樓大廈是要用鋼筋水泥和磚石建成的。儒學文化又是一塊玉。玉是皇親國戚們玩的，老百姓用的是石具，要實用。孔孟之道的"三綱五常"、"內仁外王"、"安身立命"著重在修身養心上，這成了老百姓頭上的緊箍咒，卻造就了君王戴的皇冠。

孔孟之道的一束華美之光阻塞了我們國家對人性基因的探研，無知國家政體的重要性，給我們的歷史帶來無窮的禍害。當然那個時代他們頭上頂的天是君王政體，最高境界是朝庭。那時的人類的思想高度從未想衝破這層天，不知道天外有天。實際上儒學是規定好題做出來的學問。由於匍匐慣了，他們的學問是跪著做出來的。只認君體政治是最高的天，這實質上是一種特強的動物屬性。雖然不能譴責孔孟他們無能，但也決無誇他們賢明的道理。擺著造成的是禍，也充分說明今天把他們當治國的寶貝疙瘩是大錯特錯了。有些中國教授還想用孔孟之道拯救世界，還是先拯救自己吧。今天，我國還向世界各國輸出孔子學校，這是一種倒退，是在返咀"五四運動"以來對孔孟之道定論。

輸出要負責任，在吹噓它的光亮外，還須明示它的鏽斑，說明書介紹除了要全面外，還要精深。

是自溺還是自救？這裡提一提馮友蘭的哲學拐彎問題。用他來說明是自救還是自溺。大陸上的很多學者認為馮友蘭的哲學拐彎是"推陳出新的釋古"、"協調新舊"，並從古書堆裡找出"舊邦新命"說（周雖舊邦，其命維新），並贊為是高明的中庸、哲學的養分。這種論調在大陸不足為怪。花言巧語諂言幾句對於中國的文人來講小菜一碟、家常便飯、習以為常。在當今強大的封建形勢下，我們從來不以忠奉朝庭流行病為恥。憑馮友蘭的哲學本事，為適應形勢需要，用他的高檔智慧，把他的原著再玩一把還不是輕車熟路？玩瞞天過海，橫豎能高眾人一籌，自會有像他那樣心態的人出來棒場。所謂的融合馬克思主義和中國哲學，是想用中國哲學去討好馬克思主義，用中國哲學裡的精華去精心裝飾馬克思主義，效忠當朝。馮友蘭和他的同仁再次印證了中國人傳統的封建人格。

另外，光用孔孟之道來糾正提高國民道德也是沒用的。我們的國人，包括在校學生，不知道法律應該大於國君，更不敢想像"把權力關進籠子裡"。統治者從不出售此類教育。相反，銷售的是要人民"做革命的螺絲釘"的教育。

我們可能很清楚：沒有一個人是神，沒有一個人是萬聖。但卻擺脫不了神的威懾。完人是沒有的，這話卻不敢聯繫到統治者身上去。愛因斯坦說得更妙："天才的暴君總是由無賴來繼承，這是一條千古不易的規律。"這話用在毛澤東身上是再準確不過了。看看世界近代史中幾個顯赫的魔頭，就知道愛因斯坦說得一點沒錯。不講權勢的腐蝕作用，不講權利有多大的誘惑力是危險的。可以肯定，權力是社會罪惡的源頭。這些常識對國民來說是盲區。孔孟這點教誨在國君眼裡它只是一件中用不中看的廉價品，對百姓來說是中看不中用的奢侈品。

　　誤國則國不強國，國不強則民不富，民不富則民賤！為什麼用孔孟之道救國無用，提高國情民風也沒有用呢？不開發權政學上的知識，不認知 "欲望具有獸性，權力是老虎"，只講皇權至上，必發展到以權謀利，以權害人，以權保位。另一位英國歷史學家約翰‧阿克頓說得更牛：**絕對的權力，絕對的腐敗。此話永垂不朽。**

　　樹根爛了樹葉會綠嗎？全國上下腐敗墮落在所難免，也難免落到求助於嚴酷的高費用的 "維穩" 的地步。朝中正邪不容，忠奸相鬥，正不壓邪。這朝中朝外一脈相傳，從這一部門傳到另一部門，一直傳到民間百姓。唯利是圖，貪婪加危害，幾家歡樂幾家愁。國風民情怎不糜爛入膏。上奉下效，上樑不正下樑歪。問問這些當官做領導的，他們中誰信孔孟之道、雷鋒精神、 "三個代表" ？日久天長，全成了戲子了。誠信在腐敗中蕩然無存。這種 "共產主義" 和佛教寄希望于來世、基督教講升天堂有何區分？這種宣教連自己都不相信，卻來馴化民眾？請問言教還是身教作用大？說一套做一套，一邊在叫學雷鋒，立三個代表的碑坊，一邊是領袖和一群幹部口是心非、心狠手辣、日進鬥金、花天酒地、色性淫靡。還講"唱紅打黑"，什麼年代了，自己這麼黑，還當紅來唱？打黑，誰才是這個社會的大黑？特別是這兩年之前的二、三十年裡，國腐政糜到了頂峰造極的地步，成了了歷史之最。毛澤東時代共產主義思想的洗腦做得夠狠的吧，結果怎樣，越教越壞。新立的是假的，是沒有法律保障的空話，"舊信仰"破四舊時破光了，迎來了百基夯廢的時代。造成這樣年代的根本原因是不行法治，而是因為法由一人口出。

（七）

人民穿慣了皇帝的"新衣"，你說皇帝穿不得這身衣服，這不自找苦吃？有人說大陸人不配民主，我們一聽七孔生煙，這話也著實太難聽了。卻不會有第二反應——本能的廉恥。

1）不配。民主要自己想要，民主要自己去爭取，民主要自己去珍惜。可他們（即人民）無所謂。自己比"民主"更重要。設想一下，面對一片紅時，舉著小紅本本，激動得眼裡泡著熱淚，去接受貧下中農再教育，誓把青春當肥糞、撒田間當作革命的人民群體，存活在別人的欺騙裡；在校狠把教授鬥殘鬥死的人民；對昨天和今天的民主人士慘遭迫害卻無動於衷的人民；對魯迅筆下用饅饃去蘸血的草根，你又能如奈？。

2) 不懂：他們不知道民主有什麼用，怎麼民主法？一個人，作為一個公民有什麼權，這公民權有什麼作用，這作用為什麼這麼重要，應通過何種管道起這作用？他們懂得一個人的基本人權被取消，人民的權力就不存在的道理嗎？國內的人民 99%沒見過《世界人權宣言》。《世界人權宣言》似乎在外星中。你跟他們說這些，他們就說你是反革命。他們只知道民主是資產階級的貨，要民主就是與政府為敵，是反黨反人民，反對社會主義，不要太嚇人嘞！甚而有人認為毛澤東時代多好，沒有富人我們也就 "不是窮人"。如今改革開放我們有吃了，但變成窮人了。真是洗腦洗白了、洗傻了。

3) 用不來。就拿大陸選舉來說事：普選不普選，沒什麼兩樣。那張上面發下來的選票，單子上面備好了候選人一到兩個，你只要劃個勾就可以了，挺方便。事後居委會發條毛巾，皆大歡喜。居委會比居民還起勁，到選舉的那天，老百姓還像沒睡醒，打不起精神。有次我走過社區大門，被居委會雇來蹲在那裡網選票的積極分子喊住，叫我劃押。我說這紙上的人我一無所知，怎麼劃？一個聰明人指指紙上一個名字說就勾劃這個，我沒劃。這幾個人用詫異的眼光看著我，像看外星人，嘴巴一直合不攏。可見外星人少之又少。面對這樣的人民，當權的盡可無所不為。只要封殺資訊加殘酷 "維穩"，足能 20 年過後又 "快活" 20 年。正要風雨飄搖時，來點小恩小惠，或者來個冤後或死後的平反，以前他們

127

一手造成的深重罪孽足可一筆勾銷。當權派又可逍遙法外，高枕無憂。

中國人在孔孟、儒道"犯而不校"的宣教下，早就養成明哲保身、"不爭""不校"的習性，已如胡適先生在《民權保障》一文中指出："在這種習慣支配下，就是有了法律規定的人權民權，人民也不會享用，不會愛護的。"梁任公先生也指出"中國人向來缺乏權利思想，既使把人權、民治交到他們的手心裡，也不會用。"

當然還是要交給中國人，慢慢的終究是會用的。在中國，這終究兩字要十月懷胎般，把"專政人民"這個畸胎順成"人民當政"，才能分娩。這分娩過程極其痛苦，痛苦得世界少有。先別提臨盆的事，忘了懷孕還得先受精呢。總而言之，在中國，"人民"這個詞，遲愚的人民已經把它交了上去。而當權者是牢牢掌控起來，肆意強姦。還到人民身上的是專治。

（八）

縱觀全球，各國不同，人民這實體的色彩也不同。但必然在進化中、存同中。這便是自然狀態走向自然法的物性所在。忠告我的人民：要用腦子去相信，用眼睛去相信，用心去相信，用真實去相信，千萬不要去相信官方的廣告，要用應然的準則去衡量實然的現象，不要眼裡只有一點施捨！不會相信就乾脆都不相信。多讀一點天下書吧。

　　一提人民真讓人感慨萬千呀，對“人民”這個詞及實體，誇也不好罵也不是，“成也韓信、敗也韓信”。你我都是中國人，理應相共。一提人民，是驕傲還是敗興？五味雜陳。雖不能要當官的做我們的公僕，但我們每個人要自強，要回屬於我們人民的基本權利。首當其衝：要回能展現我們的“話筒”！大家齊聲高呼：要回我們的“話筒”！！！誰坐權上都不重要，如果沒有高於一切的憲法，什麼主義都是假。

　　人民專政往往調了個頭，變成專政人民，這就是我們的現實。

似是而非　欺世盜名
——談談毛澤東《在延安文藝座談會上的講話》

《講話》）是打著馬克思主義爲德的旗號，創立
"新三綱五常"倫理的一篇封建檄文！實是綠
林規矩。給中國人民鑄制了一付新的封建鐐枷。
從此誕生了中共幫會行話、套話。這行話成了今
後"披荊斬棘"的利劍，"所向披靡"，濫砍無
辜，冤震山河。

（一）

毛澤東的《在延安文藝座談會上的講話》是十足
的變"五四精神"爲政治服務、只作革命的螺絲
釘的白皮書。獨立之精神，自由的思想蕩然無存。

《五四運動》是中國自由思想衝擊兩千多年來的封建的
頭一回大手筆，王元化先生在《五四精神和激進主義》一文
中說："五四宣導的個性解放，後來成了歷史的諷刺，變成
了提倡做螺絲釘，爲政治服務的工具等；獨立之精神自由的
思想蕩然無存"。我們社會回到了兩千多年前的秦王朝起跑

線上。

　　"五四"給我們留下許多，種下了科學民主理念，種下了獨立之精神自由的思想。也給我們引進了一頭狼——激進主義。在這種激進的主義摧殘下，"五四"已成軀殼，精神和魄力早已消滅。

　　現在看來，"五四"它太年青，熱血方剛，羽翼未豐，心純識淺，缺乏足夠的學問。這正是胡適先生所擔憂的。當時中國正從腐朽中蘇醒，睡眼醺醒。但風起雲湧，水高浪激。於是"五四"就迫不及待的投入進去，雖鏗鏘有力，卻有點猛浪。哲學思想、社會政治不是那麼簡單。如人類的智力能站得更高一點看世界的話，就能夠感悟，人類世界正步入膚淺激進的歷史，也就是形而上學時代。這個時代的特點是，許多政治理念裡的概念將和事實不符，如果人類世界以前的歷史是右的話，接下來便步入左的歷史，被一些富麗堂皇的政治口號誘惑的年代。這個時代至今都沒有過去。正因為人類社會沒有經歷過，才會上當受騙。整個世界剛從毀滅的旋渦中走出來，被舊世界嚇壞了。於是急於投入馬克思主義的虛擬共產世界、虛擬的無產階級專政。這說明當時的文明思想看上去很厚實，實際上還是很稚嫩、很膚淺、很脆弱，還沒有意識到人類智力、語言的弱點、缺點。特別是政治，政治的水太深了。它集中的體現了人性。這裡有許多不解之迷，看起來著述如雲似海，其實討論還遠遠不夠充分，體現人類的智力的哲學和語言正處在病狀，用如此錯誤的方法和工具怎麼可能認識詭譎的政治和各種思潮呢？人們的相信在這些主義間打著秋風。衝動的"五四"涉世未深，步人後塵，爲人作嫁衣是再自然不過的事。

王元化先生還說："激進是指思想狂熱，見解偏激，喜愛暴力，趨向極端。"（《百年潮》1999 年第 5 期）。

激進主義的兩大代表就是極端民族主義，極左理想主義。這兩大主義最會被苦大仇深、封建落後、思想沒有啓蒙的、沒有文明底蘊的民族和國家所接受。德國接受了國家社會主義，俄羅斯和中國接受了共產社會主義，中東接受了伊斯蘭教。希特勒組壯了德國工人黨，蘇聯和中國雄大了工人階級的共產黨。這裡都有歷史淵源可追溯的。這裡的變故都不是憑白無故的。

對一個苦大仇深的、積重難返的中國來講，走向半封建半殖民地，不足爲奇。如不半殖半封，如無洋人的堅船利炮轟開了中國的大門，中國不知還要封建到什麼個時候，恐怕到今天我們都還拖著根辮子，女人裹著小腳，這是絕對不好說的。對於這樣一個沉浸在兩千年前古文化裡沾沾自喜的國度、科學與文明幾乎不進化的黃土地、沒有現代思想基礎的民族，被光閃閃的主義所激奮、招納也不足爲奇。就像沒有免疫能力的肌體一樣，最容易受到病菌的侵襲。那極端民族主義、極左思潮是最有誘惑力的病菌。它們又像一件件華麗

的衣服，鮮豔奪目，中看而質劣。政治是很詭異的，詎不可
識。有道是饑不擇食、寒不挑衣，更何況眼前所見的是“美
味佳衣”。對於不知深淺的、大腦一窮二白的“窮光蛋”來
說太誘人了。這裡的“窮光蛋”不是罵窮人，而是指中國的
知識份子群。人們根本無法識別、不知防範，也沒這等能耐
去識別防範，像陳獨秀這樣飽學之士，都不能倖免。到吃盡
了苦頭，才恍然大悟，爲時已晚。路旁的騙子好察覺，政治
販子不好識別。這是爲什麼？嗤嗤怪事，不可理喻。這迷就
在應然實然中，每每一個主義都有張應然的臉，大家都被這
張俊俏的應然臉所迷住了。尤其是極左的理想主義，英俊瀟
灑，慷慨激昂，正氣凜然。當時整個世界都不識此君（理想
主義），此君愛打扮，以貌取人。極左思想更有此嗜癖。它
們只講“外表美”，不講“內在美”。但大家更善於聽信，
不善於偵辨、思考。此君又嗜好欺騙，於是大家對事物的實
然面，內在的醜陋疏於防範。明擺著的蛛絲馬跡，如象似牛
般大，大家卻視而不見，如蘇聯的肅反運動、中國的 AB 團、
王實昧事件。對於一個政黨的宣傳卻如雷貫耳、深信不疑。
擺著個暴政的蘇聯，擺著部眼門前的血醒黨史，卻視而不見
充耳不聞。人在熱戀中，青蛙變王子。只因馬列主義在世界
風靡一時，中國猴急跟風。終於修得“正果”，馬列主義在
中國大獲全勝。那本血醒黨史非但大家未聞到血腥，倒把腥
血看成了窮人紅，把毛澤東看成了紅太陽。

　　《在延安文藝座談會上的講話》就是紅太陽升起的力作，是 1942 年毛澤東延安整風時泡制出來的，爲了全面清除中共黨內異見，清除"五四"自由民主思想的殘餘，重操整風舊術，進行了思想改造、審幹、肅反一系列政治運動。爲了收拾延安所有的文化人，一勞永逸地解決文化界的所有問題，於是《講話》出爐了。《講話》是他的獨門武器、专勝法寶。最終確立自己作爲文藝界大法師的至高無上的地位。奠定了黨的全盤毛澤東化和毛澤東絕對主宰權。

（二）

《講話》是扣在中國人頭上的緊箍咒，只要他一念，　知識份子就頭痛，人民就遭殃。

　　1942 年前，中共的專暴性質、特權性質、農民造反改朝換代性質已逐彰顯，無產階級革命的大旗上的鐮刀變成了問號，黨內的有識人士有所微詞，民主思想有所發萌，黨紀教規再嚴再鐵也難壓制正義的呼聲，這呼聲集中在"王實昧事件"中，毛澤東一看情況不妙，親自上陣對王實昧進行了蠻橫的鎮壓，製造了反動的"王實昧事件"，毛澤東決心利用這一"反面典型"，整肅延安文藝界，收拾延安所有的文化人。

　　1942 年 5 月 2 日，有一百餘人參加的延安文藝座談會正式開始，毛澤東發表講話，5 月 23 日，毛澤東又在座談會上作總結性發言，是為有名的《在延安文藝座談會上的講話》，此文幾經修改，發表於次年 10 月 19 日的 《解放日報》，毛澤東的這篇報告，標誌著毛氏「党文化」正式形成。

毛氏 "党文化"直接師承史達林，與具有極其強烈的政治功利性和反藝術美的日丹諾夫主義一脈相承，作為比封建詬積凝重的俄羅斯民族更甚的中國，毛的文藝思想自然比俄式的 "党文化"更加政治化，表現出更濃厚的反智色彩。

似是而非的《講話》，倫理非常系統，打的是人民、無產階級旗號，等於是在玩挾天子以令諸侯的把戲。一般民主思想功力不足的人別想撼動它，也不可能公平的和他理論。因為為了黨組織的戰鬥力，在有紀律和黨性的約束下，黨內是沒人從哲學、政治學的科學角度，去質疑這套倫理中的核心問題，即"以人民、以無產階級名義"的真偽性；至於黨外人士，魚龍混珠，各有千秋，也無力共識，無法撼動這篇文章的經緯。像蕭伯納、羅曼·羅蘭、畢卡索這些老到的知識份子都會投淮報柳，至於老百姓只好受騙上當，誰說得好聽信誰的。

《講話》玩的是政治魔術，他把人民奉為"天子"，又自詡為無產階級的領導、代表。這"天子"就乖乖的認了他做太上皇。

　　毛澤東從年青時就愛打人民牌。早在民國時，1920 年毛澤東爲首的 "新民學會"，反對譚延闓立憲，主張 "湖南的事應由全體湖南人民自決之"。這裡有兩個關鍵字： "新" 和 "人民"，又時髦又蒙朧。湖南人民這麼好 "人民自決"？譚延闓想把西方的政治制度移植過來。這裡已可看出毛澤東最喜歡用的兩個詞，一個是 "新"，一個是 "人民"，以後毛澤東一直喜歡玩這兩個詞，就像這兩個詞是他的，用哲學來透視，一看這犯的是個主觀的唯我主義。 但他根本不懂或者他比誰都清楚：在現實中，權力裡沒有人民兩個字，人民只不過是 "周天子"、 "捧不起的阿斗"。權力與人民是一對矛盾體，這矛盾體也叫統治與被統治。在權力爭奪中，人民不是被代表，而是被取代。至於 "新" 字，沒法定義，誰都可借用。

　　爲什麼要炒高無產階級、勞苦大眾呢？在馬克思學說裡，無產階級這個詞被格式化的，當作人民使用。

　　1）要吹棒他們。

　　他們是人類的主體群，力量的源泉，也是財富的源泉，是社會中最窮末、最強大的群體，最容易被煽起。得這群體心者得天下，失這群體心者失天下。他們的力量就是權力，權力成功野心。

　　2）要拐騙他們。

人民是個抽象實體，人性是人民這個實體在社會裡所以抽象的因素。難逃它容易被別具匠心的人操控、利用、代表。

3）要利用他們。

只要騙到"人民或者無產階級"這塊金字照牌，就可當槍使，造反、打壓、腐敗、肅清、反盤、殘殺，無所不能。

4）要愚化他們。

什麼民主、自由、人權、憲政、理性、自然法，太深沉，哪有甜言蜜語來得悅耳易懂，哪有馬屁靈光，老百姓沒這麼會講究，也沒這等鑒識能耐。馬屁是成功的通行證。

5）要強暴奴化他們。

趨利避害是人最基本的人性。面對強權的危害，造成人們兩種取態，一種是積極的，用尊嚴去捍衛、抗爭；另一種是消積的，便是迎合、依附與苟且。消積永遠大大強於積極。再說人群中、世道中、歷史裡，文明經常鬥不過邪惡，講理的永遠鬥不過蠻橫的。

所以，不擇手段，發動人民，人民在階級論裡是無生命、無個性、無感覺的，在賭局裡，他們只以階級出牌，人的不幸無足輕重，大把大把的人只是他們手中毫不吝惜的賭資，是籌碼，人不當人看，這便是奪江山的訣竅。也是保江山的法寶。誰看透，誰贏。

（三）

《講話》）是打著馬克思主義爲德的旗號，創立"新三綱五常"倫理的一篇封建檄文！實是綠林規矩。從此誕生了中共幫會行話、套話。這行話成了今後"披荊斬棘"的利劍，"所向披靡"，濫砍無辜，冤震山河。

延安整風運動是深刻影響二十世紀中國歷史進程的重大事件，而《講話》是毛澤束延安整風運動亮出的　把砍刀，其間所產生的一系列概念、範式，成了建國後歷次政治運動的濫觴。從此改變了億萬中國人的生活和命運。

每年四月二日就神祭這篇講話。每張報紙、每本雜誌大樹特樹這篇文章的豐功偉績，每個電視臺大演慶祝戲，爭先恐後大表忠心，無一敢例外：

《講話》一出臺就廣爲神州大地吹捧、尊仰、膜拜：

1944 年 1 月 1 日，《新華日報》以摘錄和摘要形式刊登《講話》主要內容。4 月，"國寶"郭沫若表忠心，在重慶召開座談會，介紹、學習《講話》精神，並連續以《一切爲人民》、《向人民大衆學習》、《走向人民文藝》等爲題，發表多篇文章，號召進步作家"努力接近人民大衆，瞭解他們的生活、希望、言語、習慣，一切喜怒哀樂的外形和內心，用

139

以改造自己的生活，使自己回復到人民的主位"。上海、香港等地的進步文藝工作者紛紛表示，《講話》將會對自己的創作思想產生指導作用。

今天更是奉為國之聖經：

稱《講話》是把馬克思主義基本原理同中國具體實際相結合，運用馬克思主義的立場、觀點和方法，創造性地闡釋了文藝與人民、文藝與生活、文藝與時代、內容與形式、繼承與創新、歌頌與暴露、普及與提高、世界觀與文藝等一系列重大問題，指明文藝為什麼人的問題是一個根本的問題、原則的問題，從而奠定了革命文藝發展的理論基礎，確定了黨的文藝工作的基本方針。

稱：《講話》，總結了中國革命文藝運動的歷史經驗，解決了長期以來沒有解決好的革命文藝的方向問題，豐富和發展了馬列主義文藝理論，有力推動了文藝界整風運動，對中國革命文藝運動的發展具有重要指導作用和深遠影響。

稱：70 年來，《講話》精神不斷豐富發展。上世紀 50 年代，毛澤東在《講話》精神基礎上進一步提出，文化藝術要百花齊放、推陳出新。黨的十一屆三中全會以來，黨中央把我國社會主義文藝方向確定為"為人民服務，為社會主義服務"。改革開放以來，鄧小平強調，我們要繼續堅持毛澤東提出的文藝為最廣大人民群眾、首先為工農兵服務的方向，堅持百花齊放、推陳出新、洋為中用、古為今用的方針。

　　這篇文章確實是中共的豐碑，它集"無產階級革命"的指導思想、行動綱領、道德倫理、政策路線之大成。"創造性"的運用馬克思主義的立場、觀點和方法，"闡釋了"一系列的文藝和政治重大原則。成了共產黨的體系性總綱領和行為指南。是毛澤東對共產黨完成的具有封建儒教《論語》般價值和意義的歷史文獻，共產黨也因這文獻"走出迷惘"，走上"明澈和堅定"。仿佛毛澤東給他們點亮了航行的燈塔，迷惘中高舉起火炬。《講話》為毛澤東贏得了整風的勝利，肅清了政敵，掌握了中共的絕對領導權。從此張揚他剛愎自尊的個性。而這篇文章隨著他淫威的高漲，身價百倍。共產黨養育毛澤東，毛澤東也成功了共產黨。

　　它雖是一次文藝座談會上的講話，但涉及的是共產黨體系的全方位方針，涵蓋的是世界級的政治思想學科命題。這文章的倫理系統、謬誕而縝密。它代表了世界上這些原則問題反方的主張和辯詞。是世界上兩大思潮在交峰。我們必須迎接這場對世界文明的挑戰，不可不爭個明白！中國必須跨過這個坎！

　　《講話》根本不是人類文藝和政治的燈塔和火炬，而是對人類文明和智慧的反制。它的本質是反動的詹姆士主義。

是極具唯心主義的功利主義唯我論。

《講話》充分體現毛澤東死硬的功利主義功夫，不知道他讀過詹姆士的實用主義沒有，但詹姆士的哲學思想絕對來自於世界上像毛澤東品種的人和思想。"真理就是有用"——"有用就是真理"——"成功就是真理"成了他們共同的原則。他深諳此道。以馬列主義極左理想主義面孔開道，以詹姆士的極右功利主義收尾，不擇手段贏得政治豪賭成了他們的行動綱令，毛澤東的成功就在於他生性豪賭，他的階級論是種群論，為了政治鬥爭，只論階級不論人。在權力的豪賭中把人當作階級的概念，把人民當作資本而不當生命下注的。人民成了他們的棋子，一顆革命的螺絲釘。這種理論本質是以多勝少，不講原則。獨立之精神，自由的思想當然蕩然無存。因為獨立之精神、自由的思想是智慧之母，而智慧是騙子的天敵。《講話》是為了扼殺智慧之母——獨立之精神，自由的思想。

《講話》又充分暴露了毛澤東骨子裡封建專治的本質。毛澤東具有黨內無人企及的（不包括黨外）極其豐富的中國傳統文化的知識，他很少讀西方書，愛好唐詩宋詞、《昭明文選》、紅樓、水滸、三國、野史稗記一類古典文，帝王將相書、宮廷權術書不離其手。下麵摘錄毛澤東自裸的一首詩，這首詩是毛澤東警告郭沫若捧儒學的仁政思想的。左邊是他作的，右邊是我應和的：

勸君少罵秦世皇，　　龜鱉王八是本家。

焚坑事業要商量，　　興寡滅稷一人狂。

祖龍雖死秦猶在，　　呼風喚雨好風光。

孔學名高實秕糠，　　只因貢品有"四端"。

百代都行秦政法，　　朝朝暮暮思秦王。

十批不是好文章，　　當心吠錯無狗糧。

（轉引自賈新民二十世紀中國大事年表１９００－１９
８８第４６０頁毛澤東批郭沫若尊孔思想。）

　　從他這首詩裡，可見其人：封建肌骼，西羽焉附。他連
孔孟書也不喜歡，因為裡面有仁政。把仁政視為秕糠，大呼
焚書坑儒過癮，朝朝暮暮做秦皇的獨裁夢。

　　正因為他是封建文化奶大的，當然深諳集權。對秦始
王、漢武帝、朱元璋頂禮膜拜。從他們那裡學得一手絕活，
那就是一定要師出有名，給中國套上一付彎頭！

　　孔子曰："為政以德，譬如北辰，居而眾星共之。"正
當（應然）理解是：當政要講德，士人誠服，百姓趨之。但
到了奸國者腦子裡，可成為當政要以某種"德" 當幌子開
道，眾人自會沿行，帝業成焉。對孔子的這番話作這種教唆
理解也未嘗不可。創新一個"德"當外衣，掩蓋在他的現行
上，這就是毛澤東的"實然"感悟。

　　古舊封建文化倫理，造就了中國的封建王朝，腐朽不

堪。終被西洋的堅船利炮轟開了緊鎖的大門，受盡淩辱。這便是一個荒謬落後的文明倫理根深蒂固的下場。經清末民國的民進觴滌，儒教已不中用了，盡現它錦帛在外，敗絮其中。歷史的車輪正好開到馬克思主義這一站，於是共產黨揭竿而起，把馬克思主義學說冊封爲共產王朝的"德"、"神"。因爲現世界觀念突飛猛進，不再是十八世紀前神權、君主、帝國式的。與時俱進的倫理不能到歷史的舊衣堆裡翻找，得重新製作，於是照著馬克思主義的畫的樣，做出了中國農民穿的行頭，那就是"毛澤東思想"。《在延安文藝座談會上的講話》便是行頭中的精華。實際上就是一句：農民造反的大旗，替天行道。

中國又要重蹈覆轍了，"毛澤東思想"成了替代孔孟的新時代的"三綱五常"。《講話》成了他最最權威、重要的共產黨綱領性的文獻，成了這個組織的最高指示。成了全國人民頂禮膜拜、三叩九跪的彎頭。

圍繞著這個德（信念），階級鬥爭的文化倫理應運而生，而這個"德"公然宣張專治、鬥爭、暴力、虛假！講的是無產階級"無上尊榮"，一切過激符合唯物論。看上去是反封建主義的，實質上是同樣的封建。

什麼才是封建，要人們三叩六拜就是封建。

《講話》完成了"新三綱五常" 的倫理設計，製成了一付封建的新手銬腳鐐，繼續奴化中國人的魂魄，熔蝕掉中國人骨氣。這套"新三綱五常"保留了儒教的忠孝節，但"仁、義、禮、智、信"全不要了，換上了"左、假、愚、暴、狠"。那就是要對馬克思主義、"無產階級"、共產黨講"忠、孝、節"。並在這三個字前還得加上一個封建主義少不了的"愚"字，即必須是"愚忠"、"愚孝"、"愚節"。即"愚忠馬克思主義"，"愚孝共產黨"，"愚節無產階級"。《講話》實際上就是費爾巴哈指責的"終絕對理念"。

(四)

我們的文藝為每個人服務，為每個人身上的"真、善、美"服務，向每個人身上"偽、惡、醜"宣戰。

真、善、美和偽、惡、醜來自於我們的生活，生活中到處存在著真、善、美和偽、惡、醜。真善美又是人追求的崇高的生活目標；偽惡醜則是大家所不齒的。文藝體現它們，啟示我們，並給我們以藝術感受。這裡有兩點是不可缺失的：一、生活中到處有它們，人人有權感受它們、體現它們、並揚善棄惡；二、人人有責、人人有權用自己的感受、才華去揭示它們。

政治是很骯髒的活兒，它無權干涉文藝。相反，文藝是

爲了體現、光大真善美的，倒是它應該有權問責政治。現在
人類，政治成了老大，但政治該不該如此囂張？大家可以議
論議論。我只知道，人類越文明，政治、權力的地位越縮小。
它們將受到各項文明制約。如果情況相反，是政治、權力制
約各項文明，那就證明人類非常落後。

　　誰的意見都不是客觀本體的，人拿不出客觀性質的存
在。這個哲學問題實證主義論述得比較系統。人要創作真正
的真善美作品，唯有用自己的真情實感。真善美是靠人類去
發掘發展的，這"靠人類"是什麼意思呢？是靠大家、不是
靠某人的規定或限制。真情實感的唯一要素是充分自由，而
不是被人勒著脖子，由不得自己。

　　馬克思主義、《講話》最喜歡勒人脖子，用的就是階級。

　　馬克思自詡自己是唯物主義，但言行是十足的唯心主
義、唯我主義、他狂妄的把自己的論點當最客觀的存在。這
論點經不起檢驗不說，還特別的自信，就憑這一作風和這份
自信，就可以定論他不但唯心、唯我，而且極端。這個主義
不惜濫用權力、想把他的論點造成"絕對理念"，要用暴力
來扶植，足以說明其理論的悖謬。

　　清楚了以下兩條就清楚了《講話》。1）馬克思主義是個
唯心論，而且是人類史上少有的唯心、唯我；2）誰也不可
能代表無產階級和人民，說得最歡的，一定是爲了利用人

民。這不是武斷，這是歷史作見證。

　　馬克思主義學說："物質決定意識"，人們的"經濟決定階級，""人類的一切表現都是階級屬性，"。人性是資產階級的超階級說法，人類的歷史就是階級鬥爭史，為本階級服務是天條。地主階級、資產階級都是剝削階級、反動階級。

　　《講話》發展了馬克思主義：凡帶資的，包括小資和知識份子都有剝削階級習氣，思想必須改造。只有無產階級最具革命性，革命性高不高、足不足就看跟著共產黨造反的勁頭大不大，用階級來規格、統一各人群的思想行為，標定革命性、戰鬥性。

　　這種唯隨心所欲的分化人類人性，並格式成階級模式是等級論。目的只有一個，便於他們號召、指揮去造反、去奪權。是要人相信馬克思主義、共產黨代表了無產階級利益，無產階級只有在共產黨領導下革命才能取得勝利。本書多處說明這種話只是張空頭支票，這話必須要用事實和律法來兌現。

　　這段言論充滿了主觀主義唯我論的色彩。全是唯心主義的妄想。光就言表方面來分解，許多地方都是似是而非、無邏輯可言的。

　　為什麼可這麼說？馬克思的"無產階級理論"根本不

是無產階級理論：

　　首先，這是某人的理論。不管它有多客觀，它的屬性是人的，即唯心的。既然是唯心的，一個人的，多多少少有智力的局限性，多多少少與客觀有差距。越強調自己是客觀的、唯物的，越唯心。這是個本體論問題。其次，誰也代表不了無產階級，誰也不能說自己代表人民，尤其是玩權力遊戲的人。要成為無產階級以及人民的意見或觀念，唯有讓無產階級以及人民發聲，必須讓無產階級以及人民認可，這必須在意志自由的情況下發聲和認可。因為無產階級和人民是群體，這群體的智力和認知水準參差不齊，共識和明智只有經過充分討論才能脫穎而出。因此充分討論這四個字十分重要，這討論會隨著時間推進、實踐的推進而深入。我們今天論馬克思主義就是群體聲音，這聲音越來越清晰。權力不得野蠻干涉，如果武力一干涉，就不叫無產階級或人民性質的了。因此說馬克思的理論還不是無產階級理論，馬克思的階級論等於是等級論，分裂論。他的思路和貴族社會的分等級，是一丘之貉。他們不是用科學真相來引導人們對人性的認識，而是別有用心地誤導人們的認識，他們以功利主義為宗，對人類的文明破壞極大。

　　他是怎麼分等級的呢？第一步，他從經濟出發、從物質、剝削這些詞上偏面地概念了無產階級和資產階級；第二步，又往這些詞裡灌入善惡觀念，形成教條的格式；第三步，再把現實中的人放入格式中；第四步，一切以階級行事，政治、文化均以階級來論。

他的最大錯誤，不就事論是，這就是後哲學中許多哲學家所鄙視的。論事有時需要一般化，但對某事蓋棺定論又必須就事論是，即從個別的實情來論事。階級論用個情(a)得出一般，再用一般替代全盤的個別(A)。這個邏輯是錯誤的；錯在極端和教條。這樣來運算其用心是功利主義的。階級替代個情，階級利益至上，人的生命和命運已不重要。同時這個階級論神化了某個階級，更神化了代表這個階級的政黨、政黨裡的領袖。其實普遍的人性依然存在於每個階級的人身上，更存在于領袖身上。事情的善惡依然出自於人性。孔子曰："性相近習相遠"。每個階級裡的人都如此。

現在針對《講話》幾個具體的問題進行批駁。

批駁一："一切文化或文學藝術都是屬於一定的階級"。又從屬於階級變道成"屬於一定的政治路線的"。這裡，從前句話過渡到後句話，看上去這種變道漫不經心，其實大有問題。前句和後句大不一樣，變道爲政治路線，就成了一個黨、一個教的私貨，全可由他來制定，到後來他就是路線。要怎樣才叫做屬於無產階級呢？要他說了算；要怎樣才符合政治路線呢？要他說了算。這就是哲學"語理分析"中的語言陷阱。

既使跳過前面的問題，既使"這是條真理"，實行又是一回事，而且是政治哲學裡的一個大問題。他往往言行不一、又左又激，還成了準則、命令和法規，成了那句老話：順我者昌逆我者亡。

一切悖理必將借助淫威。

"為藝術的藝術，超階級的藝術，和政治並行或互相獨立的藝術，實際上是不存在的。" 這句話根本沒講實證，說法上採用的是自編自導，也就是用有些概念把別人說歪再打倒，就成了事實真理。此外，什麼叫藝術的藝術，什麼叫超，有標準嗎？如何來理解他所說的為 "藝術" 的藝術？真與善僅僅是藝術嗎？不，真與善是一切倫理意識的起碼要求，尤其是對政治。"為藝術的藝術" 的說法是對真善美的歪曲。我不明人們對這種指責竟會鴉雀無聲。不講真、善、美及深刻的藝術能有長久的生命力和感染力嗎？可見他反對的是藝術的真善美和深刻。實際上最後，不利於講階級鬥爭的文藝都成了他們眼裡的超和純藝術，到後來又魔變成了他說了算的玩意兒。順水推舟提出 "文藝必須要搞清楚為誰服務，我們的文藝既然是為人民大眾的。" 話說的是 "人民大眾"，難道真善美的藝術是不為人民大眾服務的嗎？這種瞎話居然也能成立。我前面說過誰也不可能代表人民，他把他的政治路線當成了人民大眾。他這樣左一聲 "為人民大眾"、又右一聲 "為人民大眾"，人們自會相信這話，這對人民來講是愚蠢，對他來講是行騙。

　　再說，話中的“爲誰”就不是真理，文藝不爲誰，而爲真理，爲普世的真、善、美。這真善美到了他嘴裡，又階級化了，因階級化畸形不了真善美，就乾脆不提真善美，改成“爲無產階級服務”，再改變成隻爲“工農和他的兵服務”（《講話》中爲了蒙混，發生多次變道式的偷換、調包）。問題又出在前面的老地方，怎樣的服務才算爲無產階級？又是他毛式的。所謂的服務必須要按我的“三綱五常”去做，不能質疑，不能辨真假。講來講去，用爲人民或爲無產階級作晃子，行極權之本質。再說，這個“爲”字也大有文章，怎樣才算“爲”呢？說好聽話、甜言蜜語？美化、神化？然揭示、批評就不是爲人民好？

　　這就是毛澤東打的人民牌、無產階級牌。口口聲聲“爲人民大眾”這五個字，怎樣才算“爲人民大眾”，卻要他說了算。

　　看上去他這五個字沒一點錯，玄機暗藏，實際上就是歷史上的農民起義的“替天行道”。他不像農民起義領袖那樣傻，高叫自己是神靈，真命天子。他聰明絕頂地把人民當神靈供著，口口聲聲爲他們服務，開足庸俗的宣傳馬力，千方百計的讓人民大眾愚信。再聲稱只有共產黨代表得了無產階級、人民。但怎樣才算服務得他說了算。毛式的“服務”就是“馭駕”，這如同變魔術：先說爲人民大眾服務，再說人民、無產階級只有在共產黨的領導下革命才可成功，最後他

151

是絕對的舵手。這樣一轉手，神靈的桂冠兜了一圈，就落在他的頭上。像馬戲團演傳統節目換帽子一樣，從褲擋下這麼一轉，別人的帽子就戴在了自己頭上。爲了達到假代表、真掌控，狠下"功夫"，上綱上線成立場、路線、世界觀。 高調兜售爲 "無產階級服務" 的外賣，即講毛式的服務，講 "三綱五常" 式的服務，這就是《講話》的功能——似是而非、欺世盜名。

魯迅愛給人取綽號，如让魯迅给毛澤東取个綽號，應該会是 "人民新爺" 或 "人民新神"。他頭頂寡人帽，身著人民裝，爲歷史上從未有的新行頭，所以大家看不識。他高招是不封自己爲神靈，把農民、無產階級、人民封爲神靈來供奉，然後不擇手段地宣傳、指號、洗腦，這神靈必須在共產黨的領導下。再玩權術，形成共產黨以我爲中心，這神靈的爺爺不就是我了嗎？這可是一石三鳥的好計謀。一鳥是：造反必須要靠人多勢強的勞苦大眾，越是花言巧語，勞苦大眾越信。窮苦大眾文化程度低，識見少、思想單純，最好糊弄。奉他們爲神靈沒什麼大不了，用他的口頭禪說 "天塌不下來"。二鳥是：用勞苦大眾來貶知識份子，挑撥勞知關係，巧妙分離了勞知，擴大他們間的隔閡，既討好了勞苦大眾又堵了知識份子的嘴。最後，三鳥是，我幫勞苦大眾打壓了知識份子，抬高了勞苦大眾，當然勞苦大眾把我當成了貼心人、神靈、九五之尊。這就是等級論的妙用。

　　勞苦大眾不想想，我們大家也想想，恰恰相反，知識份子是勞苦大眾的眼睛，勞苦大眾是知識份子的力量。知識份子和勞苦大眾之間有不同但根本不存在對立，應該是朋友。它們的命運都掌握在統治者手上，怎麼讓毛澤東一挑釁，就彼此對立了呢？雙方的對手是統治者才是。這裡充分表現出人類的智商，說低呢又很高，說高呢又很低。這裡還充分顯示出搞政治鬥爭的人的險惡。

　　偉大者胡適在《三論問題與主義》就說："因為愚昧不明，故容易被人用幾個抽象名詞，騙去赴湯蹈火，牽去為牛為馬，為魚為肉。歷史上許多奸雄政客，懂得人類有這一種劣根性，故往往用一些好聽的抽象名詞，來哄騙大多數的人民，去替他們爭權奪利，去做他們的犧牲。" "一切主義、一切學理，都該研究，但是只可認作一些假設的見解，不可認作天經地義的信條，不可奉為金科玉律的宗教。" 但人民甚至高級知識份子就是對胡適話中的抽象兩字毫無感覺、白癡一個。

　　張紹山教授在《權力腐敗論》一文中指出："任何一種權力，不管它以何種名義出現——是'神授'的權力，還是'人民賦予'的權力，也不管掌權者懷有何種美好的理想，只要它失去約束，就會由'趨向腐敗'變為絕對的'實在的'腐敗。" 這裡清楚的指出，《講話》裡的為人民服務是鬼話，為階級服務更是混帳話。

這就是應然實然問題，毛澤東用"無產階級服務"、
"爲人民大衆"這些概念的應然面孔幹他的實然勾當。

自以爲掛起這塊鍍金照牌，就是無產階級的店？就可爲
所欲爲？假的終究是假的，泥塊豈能當菩薩。

批駁二：文藝是什麼，爲什麼服務的？

文藝是又一種天賦人類的功能，是每個人揭示、感悟、
抒發世界、生命、生活真諦的天賦，這種天賦給人以藝尤的
表達的權利。文藝是全人類的產物，它造就的是全人類的文
明。只是自然態中，出於自覺不自覺的，人們錯誤地強迫它
爲各種各樣的政治服務。這是人們造成了它有應然與實然的
區別。這是個應然與實然的問題。這就是我強調的的理念：
不能把實然中的人爲情況當準則。總體來說，文藝裡有是非
和準則。它是用感化而非用權力。

它和人的意志一樣是與生俱來的，人有行使個人意志的
權利。也就有個人揭示、感悟、抒發的權利。至於教唆、規
範大家，該這樣、該那樣，指手劃腳的按某人的企圖來服務
是反人類的，是對人類理智的不信任，是妄自尊大對人類從
自然態走問自然法的粗暴干涉。剛愎自用是一切獨裁者的秉
習共性。以下是西方的哲思：

**"為了給理喻和勸告開路，必須放手讓人們自由探
索。"**

"理智和自由探討是防止錯誤的唯一有效手段，如果讓它們自由發揮，它們就會使每一種騙人的宗教，經受它們的判斷和考察。"

"如果保證了信仰自由的權利，其他權利也就得到了保證。"

"鼓勵個人自主，鼓勵個人按照"理性"自由思考。"

"壓制的效應適得其反，而自由探索才能真正達到追求真理的目的。"

"高壓的結果是什麼？是使世界上的一半人成為傻子，另一半人成為偽君子。"

一切事物都有其法理，哲學家孟德斯鳩說"法是由事物的性質產生出來的必然聯繫。在這個意義上，一切存在物都有它們的法"。在中國被叫做"道"。文藝也有它自己的規律、特色和道。文藝作品也必走向進步、文明、真理之路，走向自然法。就是不去追究党文化骨髓中"刻意"或"專只"的詬病，"文藝為誰服務"的提法一律都是不對的，因為不論哪個人、哪一方、哪個階群，它的人性基因都存在著善惡、正負、優劣的兩面性，特別是被權力控制了的人性。所以不能按這種規矩服務，毛澤東又是個心魔特大之人。滿肚子的心術。文藝怎能聽命於他？

文藝只為自然法中的理念服務。

　　要全人類的文藝歪曲性地去服務於一個階級，實為愚惑這個階級去為某人某組織奪權賣命，或是維持他特權統治的為人民的假服務，都極為反動和罪惡！它往往利用這個階級人多可勢眾。吹捧它偉大，這種吹捧只是件"皇帝的新衣"。項公舞劍意在沛公，他看中的是這個"巨人"力量偉大，而不是"巨人"才智超凡。陰謀家絕不會真心敬重被他玩弄於股掌中的人群，也決不可能讓這麼大群缺識少知階級分享權力大蛋糕的。

　　連自己組織中的功臣都可任意肅殺，而且是史無前例的殘酷，真讓人不寒而慄，還裝菩薩？在這裡我再次呼籲，希望大家讀讀高華教授的《紅太陽是怎寫升的》。他花了十年的心血調研，為我們留下一部珍貴史實，一部冒著殺頭危險的真實之書。為我們記錄了這個組織怎樣被這位元閣王忽悠的，記載了他對人類，也對這個組織犯下的滔天大罪。從這本書裡可讓全世界人們看到最傑出的左罪的一切高超道術和罪惡本質。憑這本書對人類貢獻，嚴謹豐實的史實，精深的倫理學識，出彩的藝術才華，理應追加高華教授諾貝爾人權獎。無論政府再怎樣的嚴防死守，凍土中的真相如春筍般破土而出。這些揭秘振聾發聵地發出了吼聲："中國沒解放，中國被劫持了"。大權已落在這位偉大的劫國者手裡，無產階級、百姓、人民的命運可想而知。人民大眾到時再對"服務"二字大悟大徹，為時已晚。無產階級和整個人民己淪爲"特權階級"中飽私囊的、創造財富的牛馬。高華的書的價值本身，回答了文藝是什麼，服務於什麼，該怎樣服務。

批駁三：絕不能說："文藝是全人類的，它爲全人類的進步、文明、真理服務"就超階級了。套用行話"超階級"就定罪"文藝是全人類的，它爲全人類的進步、文明、真理服務"太霸道！

這說法很詭異，這裡根本不成在超。超逸一個階級鬥爭的俗化需要、真實反映任何階級的五味雜陳形象、揭示各種黨、教的政治虛僞是文藝義不容辭的天賦本職。這一視同仁、著眼真相的立場何來超階級之有？這種立場只是不肯昧著良心只爲一個階級說謊話罷了。階級性不能涵蓋人類本性、社會人性。因爲人性與現實大於階級性，階級性只是人性的一種表現。那階級性文藝也自然不能當作全人類文藝。更何況，一個被領導者代表、虛僞化了的狹義階級文藝、爲奪權需要的煽情文藝，就更不可以當作全人類的文藝與文明的宗旨。也許這種文藝不能爲毛澤東利用，但是絕對可防止一個更爲黑暗的專政的胎生。

超階級的指責，就象一幢十層的大樓，站在 5 樓層的人說 10 層樓上的人是飄在半空中的，哪有站到 10 層，就有懸空之錯？就算超，也超得對。因爲不超人性，不超現實，站在全人類的高度，站在人性的深度，觀看人間事，寫天下事，豈是超然？這種立場、世界觀不是針對哪個階級，不利哪個階級。是對哪個階級都負責，對哪個階級都公平的正義立場及世界觀。這種世界觀既使是知識份子提出來的也不該套上個資產階級或者小資產階級知識份子帽子，這種立場和世界觀，既然是超階級，因其是站在真和理的正義與公正上，站在非階級本位上，就不該強行打上階級烙印。這超應該理解為克服本階級的狹溢性的意思，超階級是超越只從自已階級利益出發的本位主義。並不是毛澤東誣指的“抽象”或“不存在”。憑什麼說小資產階級知識份子站不到這個高度？憑什麼說資產階級裡的所有人都不充許站到這個高度？憑什麼說無產階級裡不會有人站到這個高度？它的高瞻性是全人類的，是符合人類的目標與要求的，更不該說成反勞苦大眾的。

文藝是人的本能，是每個人都具備的，也是每個人的權利，人有權抒發。至於作品的好壞善惡，人民自當會裁判，只要給人民講話的空間。人民會去其糟粕存其精華，自然法不可阻擋。口口聲聲為人民服務卻最不給人民說話，這不是天大的笑話？社會中的文藝確實有刻意效力某階層和某理念的弊端陋習，最具有這種陋習的真是毛澤東自己，這正是我們該反對的世俗文藝，把弊端與陋習供奉為真理取用，是毛澤東一貫做法。所以當權者無權硬性規定寫什麼、怎麼寫。這是權力趨向腐敗這條定律的表現。文藝是人類的，是表現全人類的，是全人類的產物，是全人類的財富。

　　批駁四：文藝的榮辱，評論標準。文藝是揭示、感悟、抒發、啓迪，並藝術地智慧地展現它，經過浪裡淘沙去沙存金，作品將成爲全人類的科學財富，精神財富。它當然有如服務性、教育性的價值和意義，但這些價值意義都是普世的。隅寓在揭示與感悟中，它與作品共生死同榮辱，抹不掉揮不去，種豆得豆，種瓜得瓜，報應"天"成。偏向正是我們力斥的。褒貶自會從公認中出，自然法會作自由的判定。

　　文藝的品質，不等於評論的標準，因爲品質、標準兩個詞人們賜予它太多的規定。各種文藝有它的特點，它講的是精湛，它只有更好沒有最好，它的好壞就在前面講的文藝是什麼中。**"揭示"講的是真，"感悟"講的是深，"抒發"講的是慧、"啓迪"講的是智，"藝術"講的是精。也許這就是品質、標準的應然概念吧。**真像哲學大師們探究美學一樣，難以講清，要講清文藝的標準不比談美學容易。**文學中最包育有上帝。**評論標準參和著"口胃"問題，它和文藝之美，是理然與實然的關係。標準問題不是重要的。重要的是，文藝的生命在於自由的傳播，在充分的研討中才能存活，任何硬性規定、強制爲誰服務都是違反文藝本性的。

　　文藝是爲真理服務的，真實是藝術的基礎。"真、善、美"雖是十八世紀文藝標準，不管它有多老套，但還是很有生命力的。說它過時或不可取，都爲時過早，而只能說它表達得太簡單，這條信念懲惡性不強。**懲惡才能揚善，懲惡也**

是美。這裡的“善”的涵義不太好把握，可大可小，可深可淺，可拓可局。但這“真”永遠是文藝的生命，又是文藝的天良。它本身就是一種言不盡的美，是魅力之所在。三字以它爲首不無道理。如果作品不真，看者的厭惡會油然而生。《講話》連提這三個字的勇氣也沒有，就是怕這個真字。還奢談什麼藝術標準？毛澤東最忌諱的就是這個真。對真字又怕又恨，又心虛又強蠻。所以千萬百計用階級來掩蓋它，攪混它，羅列莫虛有的罪名，戴帽陷害它，其結果盡顯他自己的猙獰與虛弱。

全人類的文藝必走向進步、文明、真理之路，走向自然法。說這是在爲政治服務也未嘗不可，但就是這樣的提法，我們也不主張。硬性規定是多餘的、不宜的。

他想玩這種邏輯：既然我們的文藝爲全人類服務，那這也是屬“爲政治服務”，於是被他套用到都是爲階級的政治需要服務。用他的階級論上色後，把爲全人類服務說成“‘實質’上的文藝不是爲資產階級政治服務就是爲無產階級服務”。想貼階級標籤來定善惡。既然文藝“實質”是爲階級服務的，那麼他提文藝爲他所領導的階級服務就合法化了。在這裡，再玩了一次特有的劣質的辯證法。最後用爲階級服務的文藝來替換爲全人類服務，這裡又躲著一層應實然不符的欺騙，即這口號與他的實際行爲不符。經過一系列的辯證，用狸貓換成了太子，換成了我們（全人類的）文藝只能爲無產階級服務，實爲他的政治服務。

再輔以"政治標準第一，文藝標準第二，文藝服從政治"。這條規矩在世界上很流行，很強大，終成人類社會的一大邪門。

我們知道統治者手裡的政治不知有多髒，毛澤東嘴裡的"爲我所用的政治"更世俗、更卑鄙。我們（全人類的）藝術標準得看他的政治眼色行事，真瞎了眼、暈了頭。希特勒就是玩這條規矩的大行家。這條規矩將把我們引向地獄。

我們提文藝爲全人類服務，就是要排斥任何人爲這爲那群體的由狹隘變反動的模式服務。更不要說去爲他的哪種極端虛僞、居心叵測的霸業服務。**我們的文藝爲每個人服務，爲每個人身上的"真、善、美"服務，向每個人身上"僞、惡、醜"宣戰。**但這裡的真善美、僞惡醜只能是上帝說了算。我們的主張狹猛了麼？超空了麼？一點也不！

批駁五：文藝絕不可以以人民爲幌子，刻意的去爲某一階級而其實在爲他自己奪權作效忠式的偏袒式的服務。

這裡的"不可以"，不是拒絕爲無產階級服務，不是拒絕爲勞苦大眾服務。該爲誰服務、怎麼服務，得由真理和人類的自然法主宰，真理本身就是幫助弱勢群體，反對的是不公正。把文藝說成完全是階級性的，"出身於什麼階級的人就說什麼階級的話"根本不是事實，是捏造，是用自己的骯髒心思糟蹋別人的磊落。這種言論既專橫又跋扈，這種"什麼階級就得說什麼話"是反正義的。永恆的是愛因斯坦在《我的政治理想》中的一句話："天才的暴君總是由無賴來繼承，這是一條千古不易的規律"。

　　工人、農民以及知識份子、大學生的社會作用、歷史作用不能用毛澤東的造反需要來界定！ 在人類的進步史上，他們（工農與知識份子）各自的、互補的功量、甚至革命性，都有清楚的史記，有目共睹。那就是各有所長，各有短處，各表千秋，是牙齒與舌頭的功能，而不應是毛澤東想挑撥成的貓與狗的關係。實踐產生知識，勞動不是光工人、農民幹活叫勞動，而知識份子和其他行業幹的活不叫勞動。勞動不分貴賤，雖然不該形成勞心者貴，勞力者賤，但也不該規定勞心者賤，勞力者貴。這就是老子說的"不上賢、民不亂"。而毛澤東卻亂上賢。一切政治陰謀家都玩等級，挑唆群眾鬥群眾，然而鶴蚌相爭，他漁翁得利。知識份子與工人農民之間是有不同，是有距離，但決不是對立的。只有統治者與被統治者是對立的。我們只能去調和而不是去離間、去擴大。從中挑唆和離間，用心極其陰險毒辣，也足見毛澤東的人品。也足見馬克思這個主義的策略。毛澤東對知識份子的迫害是根深蒂固的，他對知識份子的仇視與怨恨態度由來已久，是從他只能在"北大"當個圖書館館員鬱積起來的，很是陰暗。文化大革命破四舊，簡直前無故人，後無來者。這種滅絕文化的舉動史無前例，空前絕後。而中國人民竟會如此回應，可見其愚昧和封建黃色有多嚴重。

決不能說：文藝是為全人類真理服務的，就與為人民大眾服務的話相左，更不能說是與“為無產階級服務”的話為敵。是毛澤東自己把文藝為全人類的真理服務當敵，把超階級當超現實來看。是他自己的腦子裡樹別人為敵。

不鼓吹唯階級論，哄騙力不足；玄燁唯階級論，力排眾議，共產黨才能贏得無產階級信賴和獲得代表無產階級的專利。誰吹棒越烈，誰就能獲得無產階級的青睞，並讓無產階級信以為真，交付出他們的代表權。這種權的實質是代表還是主子，只好事實說話了。毛澤東心裡很亮堂，只有權力說話，事實只好閉嘴。只要他成功，手中的權力說話，百姓就說不上話了，生米煮成熟飯。老百姓有話只能憋著。由此可見，把無產階級造反勁頭充分調動起來是重中之重。

“你能為我打架，罵街，你就是我兄弟”這種街頭信念，在政治上也很流行。管它下三流還是上三流，這種無益於人們品格的下三流行為，成了他的“打天下、坐天下”的制勝法寶。**天下成王者，誰不假人民來真專治？**

文藝在世俗中確實有為自己服務的本位主義現象，這是人性基因的先天性缺陷造成的，所為本性便不是刻意，是種難免，人的許多不地道和罪惡的本性是不可故息、縱容的，不可去宣揚，更不可刻意追求成爲準則。毛澤東的個性就是這樣，只要是現實中存在的、管用的、負面的，在人家是在所難免，在他絕不錯過，必當法寶來使用，外穿一件階級性馬夾，就能 OK，就能搞定。人們說"謀事在人、成事在天"，毛澤東信的是"敗事在憨、成事在奸"。所以只有傻瓜才不用奸。他信奉的是李宗吾的厚黑學。李宗吾的厚黑學是功利主義的精髓。

批駁六：文藝該怎樣去服務：

因爲一切存在物都有它們的"道與法"，對人類的一切活動來講，走好這條道路儘管艱難，人類終將從自然態走向理性，走向自然法。滴水觀海，棵草成植，任一個人的本性都反映了人類。但不能代表整體。不能用一個階級的一部分形象說成是這個階級的整體形象。再用所謂的"階級形象"來抹殺個性，抹殺這個階級的實際形象，抹殺這個階級的其餘形象。把"部分形象"的概念應然成"整體形象"的實情，這種手法叫教條（僞應然）主義。變個體的人爲無，變個體的實際情況爲無，變個體的權利爲無。在毛澤東玩的政治遊戲中，打出去的牌只有階級這個概念，而不是具體的人與事。

因此我們不能這樣去服務：只准宣揚這個階級的假形象與假本質，而絕不能去研究、揭示、感悟、刻畫那個階級的真特性。"你寫哪個階級的人與事，就是爲那個階級服務"

的封條必須撕掉。還有，只能寫農工兵；並規定對這個階級只能暴露，對那個階級只能歌頌；得把這個階級寫成一個模樣，把那個階級也要寫成一個模樣，這些封條都必須撕掉。難怪人們說，看社會主義的電影，裡面的角色是一個模具裡倒出來的。強扭的瓜不甜，這樣的文藝作品好不了，這樣的作品的生命如兔子的尾巴，長不了。

　　還得描得一個階級越黑越好，另一個階級越紅越酷。也就是地主階級、資產階級個個似狼如虎、凶煞惡極，個個都得象《白毛女》中的王善人。筆下的地主比王善人更毒為上品，不夠毒為下品。而無產階級、共產黨個個都是血海深仇、視死如歸的革命英雄。如《紅色娘子軍》裡的吳瓊花，《紅燈記》裡的李玉和，"現代版"的碼頭工人馬洪亮，寫得越紅是上品，寫得不紅是下品。內容還得圍繞共產黨制定的革命方政轉。今天又叫"唱紅打黑"。這樣的文藝竟要成為全人類文藝，真讓人不寒而凜。這樣的企圖在《講話》中一覽無遺，摘錄如下：

　　"文藝就把這種日常的現象集中起來，把其中的矛盾和鬥爭典型化，造成文學作品或藝術作品，就能使人民群眾驚醒起來，感奮起來，推動人民群眾走向團結和鬥爭，"

　　"到火熱的鬥爭中去，"

　　"現在工農兵面前的問題，是他們正在和敵人作殘酷的流血鬥爭，"

　　"使不適合廣大群眾鬥爭要求的藝術改變到適合廣大群眾鬥爭要求的藝術，也是完全必要的。"

　　"反動時期的資產階級文藝家把革命群眾寫成暴徒，把他們自己寫成神聖，所謂光明和黑暗是顛倒的。"

　　"但是這種描寫只能成為整個光明的陪襯，並不是所謂"一半對一半"。

　　"一切危害人民群眾的黑暗勢力必須暴露之，一切人民群眾的革命鬥爭必須歌頌之"

　　"對於革命的文藝家，暴露的物件，只能是侵略者、剝削者、壓迫者及其在人民中所遺留的惡劣影響，而不能是人民大眾。"

　　"你是資產階級文藝家，你就不歌頌無產階級而歌頌資產階級；你是無產階級文藝家，你就不歌頌資產階級而歌頌無產階級和勞動人民：二者必居其一。"

　　"對於人民，這個人類世界歷史的創造者，為什麼不應該歌頌呢？無產階級，共產黨，新民主主義，社會主義，為什麼不應該歌頌呢？"

　　"不願意歌頌革命人民的功德，鼓舞革命人民的鬥爭勇氣和勝利信心。這樣的人不過是革命隊伍中的蠹蟲，革命人民實在不需要這樣的 "歌者"。

　　數數這裡有多少個 "階級"、多少個 "鬥爭" 字眼，他巴不得農民革命無比，個個聽他的話、跟他走。為了奪權，狂熱得活像希特勒在演講！口水四飛。這種狂熱意味著人民大難臨頭。

　　批駁七：歌頌和揭露、揭示和抒發是人類文藝的自然使命。

　　是人都是半個魔鬼、半個天使。哪裡有邪惡，哪裡就要揭露，這邪惡必坍伏在每個人、每個階群的人性中，所以對邪惡應共憤之、共棄之。哪裡有光明，哪裡有歌頌。有一分光明說一分好話，有兩分光明說兩分好話，有十分光明說十分好話。和偉大者胡適說的 "有一分證據說一分理" 的話同理。對光明共贊之，對邪惡共憤之，這都是針對一切善惡的現象和理念的應有態度，這有什麼不對呢？難道別人的邪惡是邪惡，自己身上的邪惡就不邪惡了？人類的文藝對勞苦大眾的、也是人類的陋習的揭露，意在幫助，這陋習對個人對集體終都是有害無利的。並非敵意這個群體。相反，人類文藝揭示的社會人性往往是社會統治造成的。再說把自己的奪權鬥爭中的邪惡行為和策略，不應當算作是代表無產階級的。同樣無產階群存在的不足地方，也無需別人去掩蓋，這種無益的掩蓋是別有用心的。**歌頌和暴露的根本法則是真實。**

167

　　自私和極端是世界最大的禍害。這兩大禍害，《講話》卻大加發揚，並充分鼓惑兩大惡習，去爲政治服務。

　　《講話》宣揚：只能說自己好話，竭力說別人壞話，否則就是思想、立場、世界觀問題。違者定爲敵人，要決不留情的打擊批判。以前歷史上的社會是“專政”的，我們也要無情的專政。用這樣的道德能教育人嗎？有這樣的家長教育自己的孩子嗎？別的孩子欺侮你，你也可以欺侮別人。別人在殺人，你也可殺人。人類的善惡、拼殺不再以事實爲根據是以階級爲根據。這是慫恿爭鬥導致暴力的理論，是泯滅人權的理論。

　　這將使人類的智力走向昏亂。

　　毛澤東就想把這個“邪”寫進《講話》裡規範成爲“絕對理念”，禍害了中國不算，還要禍害世界。《講話》成爲它共產黨的內規，作爲一黨意向，那是另一回事。但也必會壞了這個黨自己的形象，並會讓我們看清楚這黨的本質。世界文藝裡的歌頌與暴露要用這樣的党規教紀是萬萬不可能的，人類的文明怎麼能以党規教紀爲戒尺呢？

　　道理之三，每個人身上都存在自私與公心，沒有哪個階級是十全十美的，這是人性亦善亦惡的結果，人性相同。資本家爲財而累，知識份子爲智而累，無產階級爲窮而累，然而誰不爲錢而累？錢意味著活，錢意味著生活品質。人活得很累，這累字裡有善也有惡，這就是為什麼我們不能以為誰服務為綱，以社會中的身份而不以事實中的是非善惡來判定的思路是種教條，是一種劣質的形而上學。是不講事實客觀的唯心主義。

我們以其人之道還其人之身：用馬克思的行話：物質決定意識，財富侵蝕人們的意識，社會中每個人都不能例外。按馬克思的話，我們應該理解為同樣的財富（物質）產生同樣的意識。這就是說，一定的財富（物質）對不同階級的每個人影響是一樣的。如影響不一就不叫"決定"。馬的這話似乎是在說各階級裡的人的共性。那這截然不同的階級性是從何說起呢？

馬克思只有按財富多少來分階級。但財富多少（作物質解）對每個人的影響效果（作意識解）也是同樣的（馬克思不是說物質決定意識麼？），又怎能分得出階級？各階級又怎能有這麼截然不同的階級本性呢？這樣看來，這階級只能以時下財富多少來劃分了，這種理論顯然太機械了點。

仔細想來"物質決定意識"這句話，只是很有些道理，但不是道理的全部。這話該怎樣來理解呢？應該理解成這條理論在每個人身上都在起同樣的作用，何以劃分階級？既使劃成階級，因這條理論在每個人身上所起的作用是同樣的，那階級之間的特徵何以如此對立？這條理論應該得出孔子的判斷"性相近"，既然是性相近又哪來如此對立的階級性？這不同豈不是人爲刻意分階級分出來的嗎？還有個詞起著物質同樣的作用，那就是利益。所以馬克思主義是繼承了功利主義的衣缽。格式化只會擴大人類間的差別，它既不真實，更不可能解決矛盾和衝突。相反這是解決矛盾的不歸之路。只有社會制度才是根本。只講造反“革命”，不講制度變革，這消滅不了人類的不公，只能造成新的一輪不公。因此我們必須牢記這樣一句名話：**一切不尊重人權的革命都是騙局；一切不講“憲爲上”的理念都是邪教**！馬克思主義拼命在階級論上做文章，意在煽動階級鬥爭、意在鬥爭奪權。他根本無意消滅人類的不公。**對人民來講，沒有完善的制度，任何成功的造反都是徒勞。這只不過是權力的位子易人，而不是給權力易容。**不懂這深層次的理，終淪爲反動和邪惡。

共產黨的“大公無私”是“出了名”的，這條從馬克思那裡找出來的真理“物質決定意識”，在共產黨的身上似乎又不起作用了。

馬列毛氏“階級論”是矛盾百出的，經不起考慮。共產黨只有正視自己的人性，才能知錯而改。他們分階級，只是爲了拍無產階級的馬屁，愚弄無產階級，信他們的話幹革命去。他們豈能容忍公正的文藝？豈能容忍“揭露與歌頌”獨立自主？

應該說無產階群同樣不是十全十美的。應該看到窮不是優點，更不是高尚的同義詞。相反窮有窮的負面，當然富有富的負面，連知識也有負面。但窮意味著受教育少，知識少，難免有很嚴重的負面。正因爲這種負面，才造成蘇聯出史達林；德國出西特勒；第一、第二次世界大戰才能打得這麼火紅；中亞才會宗教林立；中國才會發生文化大革命。這裡面沒有民眾的激情和愚昧是做不成的。**昏君的昏，一半是他周圍的親信、支持他的人，甚至是人民自己造成的**。我說過人類社會每次翻天覆地的大運動、大動盪，都是一面大鏡子，可看見許許多多、不盡人意的人性，特別可見人性的醜陋。作爲民眾的無產階群應該客觀看待自己。

要進步，要糾錯，誠意是第一位的，揭露缺點是考驗誠意的試金石，只有跨出這一步，才有避免錯誤的第二步，和改掉錯誤的第三步，才能提升自己。這歌頌這當子事最好少去強求。《講話》卻相反。只准歌頌自己，必須抹黑別人。這種行爲從品格角度來說也是爲人不齒的。如果搞政治必須這樣，那政治就是骯髒。

歌頌和揭露是文藝的本性，真實與真誠是生命，製造虛假還成什麼揭露和歌頌？不成了說謊和阿諂。只准揭露這、只能歌頌那，文藝就失去了本性。這是文藝之大忌。

批駁八：如何看待文藝的普及與提高。

《講話》裡的普及與提高是這樣：

171

（一）要讓所有的農民起來造反革命，思想認識千篇一律，跟著共產黨走，這叫普及。

（二）這還不夠，還要“淨化”他們的靈魂，讓他們忠心耿耿，如打了興奮劑一般，革命鬥志沖雲天，這才是提高。

愚化子民，讓子民的腦子是張白紙的想法起源於古代思想家老子（見老子道德經第四節），毛澤東的愚化與老子的又有所不同，他不是白化，而是紅化。老子的白化是說不要輕易的給子民上賢，毛澤東上的“紅賢”是亂彈琴。

《講話》裡處處彰顯這種用心，顧不上遮遮掩掩，因為打的旗號是為了“無產階級的革命事業”。已無人可動撼這種幌子，所以可無極不用。

毛澤東時代對知識份子的迫害是歷史所少見的。知識與權力的對立已是歷史上的一道風景線。翻開歷史，只要是極權鼎盛，知識份子就遭殃，知識份子只有做它的哈巴狗才能生存。為什麼毛澤東要掀起改造運動，這是種新式的迫害，是“毛氏式迫害”。為什麼獨裁者都喜歡迫害知識份子呢？因為知識份子將發現真知灼見，不利獨裁者哄騙。因為無益，還會壞毛澤東“好事”。所以要知識份子去學習改造，這裡他不僅是要知識份子誠服于他，要的更是用這個理由可以專政知識份子，可以讓他發威，讓知識份子發悚。發悚後，和不識字的農民打成一片，要知識份子像農民大嫂、工人伯伯那樣聽共產黨的話，要學雷峰好榜樣，只做"革命"的螺絲釘，讓他安安泰泰的做上無冕之皇帝。這辦法比秦始皇的焚書坑儒要高明得多，秦始皇能坑儒幾個？他能坑埋一代知識份子，還能坑埋一代人的意識。要人們眼睛朝下看，不可朝上看。要知識份子自卑自賤，自己打自己的耳光，自己不認識自己。他用階級論的"金箍咒"管束住知識份子，你若要"亂動"，我就念階級經、緊箍咒。這裡充滿了封建倫理中"三綱五常"裡的"忠孝節義禮"，並要愚爲先。

毛澤東肚子裡這點綠林墨水欺欺中國老百姓可以，但要征服世界文明思想，談何容易。能與斯賓若沙、洛克、孟德斯鳩、密爾、休漠、傑弗遜的哲思相比嗎？政治中可耍無賴。

在哲理中耍不成無賴。

批駁九：西學中古問題。

說什麼："我們必須繼承一切優秀的文學藝術遺產，批判地吸收其中一切有益的東西，""所以我們決不可拒絕繼承和借鑒古人和外國人，哪怕是封建階級和資產階級的東西。但是繼承和借鑒決不可以變成替代自己的創造，這是決不能替代的。文學藝術中對於古人和外國人的毫無批判的硬搬和模仿，乃是最沒有出息的最害人的文學教條主義和藝術教條主義。"

這段話粗粗一看沒什麼問題呀，話裡既有對西方文化和古代傳統文化的肯定，對待的態度和做法非常合理，無可挑剔。這就是後哲學裡新啓：政治裡的語言陷阱。這裡那些重要的詞和用語表達出來的意思閃著應然光亮，很中肯。但就是這些詞、這些用語裡隱藏著玄機，埋藏著隱患。這裡的這些詞、這些用語以及這些話全是沒有標準的、無法確定准蕊的滑頭話，定性定位全可隨心所欲。這裡的關鍵字可當信條，也可當肥皂泡。都是沒有真憑實據的許諾，就像一張空頭支票。說的是非常非常的好聽，什麼"所以我們決不可拒絕繼承和借鑒……哪怕是封建階級和資產階級的東西。"。但後面緊跟著 "決不能替代"以及 "毫無批判的硬搬和模仿，乃是最害人的教條主義。"。 "繼承"的後面跟著個 "優秀"，"吸收"的後面跟著個 "批判"，"批判"的後面跟著個 "有益"，"借鑒"後面跟著 "硬搬"。優秀不優秀，有益不有益，硬搬不硬搬，有客觀標準嗎？有即定定樣嗎？後來全得由他欽定。後面這些詞和用語，緊跟著前面的漂亮詞、漂亮話，就像 "特務"，"執法人員"緊跟著前面的獵物那樣，只要他毛澤東的一聲命令，前面的漂亮詞、漂亮話立即槍斃。

誰也沒想到我們得把偉大領袖毛澤東的話或政策當一份商業合同來審奪。我們得處處提防合同裡的條款是不是有詐，會不會給我們吃藥。對他這樣人品的人，還要想到違約賠理問題是否確保，這是我們的無奈。在已造成的現實裡，這裡沒有法院，只有八字開的私家開的衙門；這裡沒有法律，有法也不依。人民代表大會、法院、監察院、公安局、工會、里弄街道居委會、所有的電視臺、所有的報刊、天上飛的、地上走的、河裡游的、全是合同的"乙方"開設的，全是乙方營業的。都是姓共姓毛的。合同裡的條款闡釋權、認定權、仲裁權都在他手裡。簽了這樣的合同，就中了圈套。我所能做的，只能提醒大家，該怎麼去讀懂他說過的話。

他巴不得一把火燒掉世上所有的"異學傍論"　只存"馬克思主義"和"毛澤東思想"。誰也拿捏不准他西學了什麼，中古在何處。這些尺度都在他的肚子裡，可由他隨心所欲來訂制。《講話》裡的那段話造成的後果可想而知：只見他坐在龍椅上，批這鬥那，借東打西，頤使氣指。到後來只剩下四冊毛澤東選集可讀，只存下一本毛澤東語錄可禱告和幾出革命樣版戲可觀賞。身邊的戰友一個個被他打倒並折磨死。反右鬥爭"坑埋"了四百萬文人學者，他還嫌不夠，這成了他的口頭禪："秦始王坑埋了 4000 文人算什麼，我們埋了四百萬，……天塌不下來。"文化大革命破四舊掃得國家文化空空如也。這就是他對西學中古的"繼承和借鑒"。

（五）

為什麼要如此固執地否認人性論，死講唯階級論觀呢？

　　沒有人性只有階級性是馬克思學說、毛澤東思想的核心，是《講話》的重頭戲。馬克思是怎樣運作他的階級論的呢？這個問題前面已有透徹的交代，此處就不重複了。

　　爲什麼要如此固執地否認人性論，死講唯階級論呢？

　　1）可給每個階級定個模式、劃個臉譜。然後再以階級定是非善惡。

　　無產階級的階級性："創造財富，受盡剝削，思想革命，大公無私"。

　　資產階級的階級性："唯利是圖，殘酷剝削，腐敗墮落，思想反動"。

　　2）造成人們這種階級性的"凡是"思維。固化人們判斷是非或判斷革命與反動的模式，推廣極端唯心唯我的"毛氏歷史唯物辯證法"。

　　3）共產黨、毛澤東就是無產階級，異見都是沒有階級觀念的表現，是世界觀出了問題。這些異見是資產階級、帝國主義對社會主義的攻擊，反黨就是反動；這些異見的目的是想推翻無產階級政權；是"資"對"無"的階級鬥爭。

　　《講話》奠定了共產黨這種論事的方法、風格，成了共產黨的黨性。從今往後，不知有多少人被這套繩索冤害"勒死"。奇怪的是人民大眾很認可這套兇器，無能力反駁後，當成了無理由反駁並上升爲"絕對理念"。人們爲什麼不懷疑懷疑我們的智力是不是存在問題，是不是不夠健全？

（六）

《講話》開了中共的幾個先河，開闢了特別古怪的党文化、黨八股，一套幫會行話。

縱觀《講話》全文，實在經不起敲打批駁，只要你別被這偉大領袖的淫威嚇暈。逐字逐句，尤其是關鍵字眼，提高警惕，仔細勘察，用胡適先生辨認真知的態度和方法，就能看透《講話》是邪是正，是人是妖的原形。

有道是下棋想三步，我看下政制棋，得想十步。得把政治家的許諾、黨派的公告、國家的政策法規，當商業合同來審別。毫不誇張地說，商場都比政場乾淨得多，誠信得多。

既然是合同，就得：

1）公平、公正、自願原則。

2）要有合同生效起止時間。

3）契約條項要逐字逐句推敲。

4）清楚地制定違約認定，不得有闡釋權歸甲方或乙方的字樣。

177

5）違約處罰要實重。

6）必須有 違約處罰保證。

7）裁決機構與當事人有瓜葛的理應回避。

《講話》開了中共的幾個先河，開闢了特別很古怪的党文化、黨八股，一套幫會行話：

1） 帽子滿天飛，標籤到處貼，棍子隨手掄。

2） 凡事打馬克思牌、人民牌、無產階級牌。

3） 開口閉口立場階級、思想階級、主義階級、世界觀階級。

4） 論是非分敵我，不憑實情，用行話，時興冤。

5） 黨同伐異，愛憎由我，順我者己，逆我者敵。

6） 此理我發明，毛澤東是最大行家，毛是最高發話權威。

（七）

這下麵是毛澤東反《二月提綱》的《5.16 通知》，望大家用“行話六條”來參照參照。

“他們是資產階級、帝國主義的忠實走狗，同資產階級、帝國主義一道，堅持資產階級壓迫、剝削無產階級的思想體系和資本主義的社會制度，反對馬克思列寧主義的思想體系和社會主義社會制度，他們是一群反共反人民的反革命分子，他們和我們的鬥爭是你死我活的鬥爭，絲毫談不到平等。因此我們對他們的鬥爭也只能是一場你死我活的鬥爭，我們對他們的關係絕對不是什麼平等的關係，而是一個階級壓迫另一個階級的關係，即無產階級對資產階級實行獨裁或專政的關係，而不能是什麼別的關係。"

"這場鬥爭是無產階級和資產階級你死我活的鬥爭，是革命和反革命的鬥爭，是共產黨和反共勢力的鬥爭，馬克思主義和修正主義的鬥爭，也就是說這場鬥爭不僅涉及面很廣，性質也很嚴重，是一種敵我矛盾，而不是普通的意識形態領域裡的矛盾和鬥爭。"

再來看群眾是怎麼用行話來呼應的：

"攻擊我國國民經濟大躍進和高速度發展，攻擊党的社會主義建設總路線和一整套兩條腿走路的方針，攻擊和污蔑人民公社，攻擊社會主義計劃經濟，歌頌資本主義自由競爭，是法西斯全體主義在中國的翻版，與黨和馬列主義爭奪領導權，從解放前至現在一貫為帝國主義封建主義和資本主義服務。"

怎麼樣，和我總結的漫畫一模一樣，仿佛是我在導演他們一樣。精彩得令人苦笑。這些八股文一個德性：現成的、

萬能的、簡單劃一的、無需思索的、機械式的。誰都一學就
會，不需要靈魂就行。

<h2 style="text-align:center">（八）</h2>

傅國湧先生的書《誤會》的最後一篇《跳出週期率》，
記錄了 1943 年那次黃炎培和毛澤東的著名的窯洞對話。在
黃炎培參觀了延安後，毛澤東問其感想。

黃炎培說：“……其興也勃焉，其亡也忽焉，……總之，
沒跳出這個週期率。”

毛澤東答：“我們已經找到了新路（恬不知恥），我們
能跳出（不是跳出，而是完完全全的跳進）這週期率，這條
新路就是民主。只有讓人民來監督政府（影子也沒有），政
府才不敢鬆懈。”

黃炎培在延安看到了：是毛澤東讓窮人扭起了秧歌，教
會了他們唱“解放區的天是明朗的天……”，幫他們建起了
共產黨的農會，紅紅火火的、興高采烈地在牆壁上刷著上面
交付下來的標語，出著上面要求的黑板報。這裡批鬥、那裡
打倒……而這一切不是窮人、人民得到了民主、自由的知識
的教育之故，而是愚化、奴化成白癡的結果，是被《講話》
裡的清規誡律趕盡殺絕的結果。別看這些現象表面上轟轟烈
烈，這就是黃炎培所說的“其興也勃焉”，但這“轟轟烈

烈"實是民性、民主的死亡。真實性是沒有的，所以黃炎培說"其亡也忽焉"。

話說到這份上了毛澤東還在一個勁地問。就像主人豪宴款待，笑臉相迎，客人怎好意思說這酒菜太讓人噁心了的話呢。面對恬不知恥的主人的自誇，斯文的客人怎能點穿說破？他有臉問其客，客無顏拂其興。毛澤東就有這種魄力，問到你的回答他滿意爲止。

事實證明了柏拉圖的話，在柏拉圖的《理想裡》說：……這時總有一個英明的領袖很容易攫取政權，爲了達到這一目的，他可以向窮人承諾一切，建立武裝，翦除異己，再除去朋友（同志、戰友）中的危險分子。推翻舊政權後，使自己又變成了暴君——唯一的統治者。

柏拉圖還指出：這些革命人士很快也變成了富豪和專制者過去的模樣，他們利用數量上的優勢在每次選舉中贏得多數選票，然後為所欲為，無論他們頒佈什麼法令，總可以說成"合法的大多數人"的意見……

歷史爲什麼老是重蹈覆轍、周而復始、舊戲重演，跳不出這個週期率？其實問題很簡單，只要歷史從此沒有皇帝，不能皇帝說了算，而是由民主的理念、制度說了算，即做好做實議會制、三權分立、言論自由、媒體監督，人類就能跳出週期率。《講話》裡這些最先進的政見有一字半星嗎？它

181

只是封建的舊酒裝新瓶，只是毛澤東特會盜用並強姦“人民”、“無產階級”這些詞罷了。

　　《講話》的高明之處在於似是而非，欺世盜名。它開創了共產黨就事講階級的套話行話。給中國又鑄制了一付“新三綱五常”的封建鐐枷。企圖把從辛亥革命跳出來的還沒站穩的中國，裝進封建的魔瓶裡去。

✌ 獵海人

黃土地上的布穀聲（系列一）

作　　者	邵真
圖文排版	楊家齊
封面設計	楊廣榕
出版策劃	獵海人
製作發行	獵海人
	114 台北市內湖區瑞光路76巷60號2樓
	電話：+886-2-2518-0207
	傳真：+886-2-2518-0778
	服務信箱：s.seahunter@gmail.com
展售門市	**國家書店【松江門市】**
	10485 台北市中山區松江路209號1樓
	電話：+886-2-2518-0207
	三民書局【復北門市】
	10476 台北市復興北路386號
	電話：+886-2-2500-6600
	三民書局【重南門市】
	10045 台北市重慶南路一段61號
	電話：+886-2-2361-7511
網路訂購	博客來網路書店：http://www.books.com.tw
	三民網路書店：http://www.m.sanmin.com.tw
	金石堂網路書店：http://www.kingstone.com.tw
	學思行網路書店：http://www.taaze.tw
法律顧問	毛國樑　律師

出版日期：2016年2月
定　　價：240元

國家圖書館出版品預行編目

黃土地上的布穀聲 / 邵真著. -- 一版. -- 臺北市：獵
海人, 2016.01
　　面；　公分
　ISBN 978-986-92693-0-8(平裝)

　1. 中國政治思想　2. 文集

570.9207　　　　　　　　　　104028359